*Für meine Eltern,
die mit Tiger alles richtig
gemacht haben.*

Dank an…

Annemarie mit Micky,
Christine mit Bonny, Cahira, Chiara,
Joker und Nephthys,
Emil, Beate & Markus mit Maxi,
Katja mit Raffi und Gordy

…die mich bei diesem Buch mit
ihren Erlebnissen und wunderschönen
Fotos unterstützt haben.

Fotos und Illustrationen (so weit nicht anders angegeben):
Sabine Ruthenfranz
Lektorat: Katja Wolf, Lüneburg
Gestaltung und Satz: Agentur rundum GWK, Bochum

Bibliografische Information der Deutschen Nationalbibliothek:
Die Deutsche Nationalbibliothek verzeichnet diese Publikation in der
Deutschen Nationalbibliografie; detaillierte bibliografische
Daten sind im Internet über www.dnb.de abrufbar.

Herstellung und Verlag:
BoD – Books on Demand, Norderstedt

ISBN 978-3-7347-7233-7

Katzensenior - alte Katze

Probleme erkennen, das Lebensumfeld bereichern,
für Wohlbefinden sorgen

Sabine Ruthenfranz

Inhaltsverzeichnis

Kater Tiger mit 15 Jahren

Einleitung

Aufgrund meiner Arbeit kenne ich zahlreiche Katzenhalter. Darunter auch zunehmend mehr, die mittlerweile mit Katzensenioren zusammenleben. Der Großteil dieser Halter geht mit den Gebrechen der alternden Katzen erfreulich fürsorglich und gelassen um. Leider gibt es aber auch den Fall, dass alte Katzen auf das Abstellgleis geschoben werden. Sie finden sich dann im besten Fall plötzlich im Gartenhaus oder der Garage wieder und bekommen Hausverbot, weil sie unsauber sind. Sie werden abgegeben, weil man ihr Verhalten falsch interpretiert, sie nicht versteht und man ihnen sogar Boshaftigkeit vorwirft.

Einerseits fehlt häufig das Verständnis für die veränderten Bedürfnisse der alten Katze und es kommt zu Missverständnissen. Andererseits ist manch ein Halter auch mit den veränderten Bedürfnissen der Katze überfordert und erfährt vom persönlichen Umfeld keine Unterstützung, sondern wird unter Druck gesetzt. Denn Menschen, die selbst nicht mit Tieren zusammenleben, können diesbezüglich sehr grausam sein und verunsichern den betroffenen Katzenhalter durch leichtfertig getroffene Aussagen. Ganz gleich wie die Ausgangssituation ist, es gibt viele Möglichkeiten mit den neuen Gegebenheiten im Alter umzugehen. Ich freue mich deshalb ganz besonders, dass Sie dieses Buch lesen und sich mit der Alterung Ihrer Katze näher beschäftigen. Denn Ihre Katze hat es verdient.

Ich wünsche viel Spaß beim Lesen und Ihnen und Ihrer Katze ein langes, gemeinsames und glückliches Leben.

Herzlichst
Sabine Ruthenfranz

Der Lauf der Dinge

Nicht nur wir Menschen werden zunehmend älter. Auch Katzen erreichen dank guter Versorgung ein immer höheres Alter. So ist es nicht verwunderlich, dass auch Katzensenioren Wesensveränderungen und andere Altersbeschwerden zeigen können. Alles kein Problem, wenn der Halter bereit ist sich auf diese Veränderungen vorzubereiten und sich darauf einstellt, dass nicht nur er selbst, sondern auch seine Katze älter wird.

Im natürlichen Umfeld behalten Katzen ihre „Erwachsenenrolle" bis zum Lebensende. Ein „Senior" ist in der Geschichte der Katze nicht vorgesehen, so dass alte Katzen in der Natur nicht lange überleben. Dies erklärt, warum sich Katzen auch bei starken Schmerzen und Krankheiten nach außen eher unauffällig zeigen, würden sie in der Natur doch dadurch erst auf ihre Schwächen aufmerksam machen und für Feinde eine leichte Beute darstellen. Dieser Umstand ist für Halter und Tierarzt eine besondere Herausforderung und macht die Katze zu einem schwierigen Patienten.

Katzen die in menschlicher Obhut leben, profitieren von geregelter und guter Ernährung und den Möglichkeiten der medizinischen Versorgung, so dass sie auch im Krankheitsfall gute Chancen auf Genesung und Fortführung ihres Lebens bekommen. Folglich werden Katzen heutzutage älter und bekommen es leider auch mit den natürlichen Auswirkungen des Alters zu tun. Würde man das Bild einer alten Katze malen, so hätte sicherlich auch sie ein Hörgerät, eine Brille und einen Rollator. Könnte sie sprechen wie ein Mensch, würde Sie vermutlich auch von alten Zeiten erzählen, sich über das geschmacklose Essen und die Hektik in ihrem Umfeld beklagen und sich manchmal fragen „Wo bin ich hier eigentlich?".

Dieses Buch enthält einige biologische Informationen, die sehr hilfreich dabei sein können, sich in seine alte Katze hineinzuversetzen. Darüber hinaus hilft dieses Wissen bestimmte Gegebenheiten zu akzeptieren, erleichtert den Umgang damit und unterstützt dabei sich darauf vorzubereiten. Der Schwerpunkt des Buchs liegt jedoch darin Tipps und Hilfestellungen für den Alltag zu geben, um für sich und seine Katze eine persönliche Herangehensweise zum Umgang mit den altersbedingten Veränderungen zu entwickeln.

Alterungsformen

Um zu verstehen was mit unserer alten Katze passiert, schauen wir uns zunächst einmal den Alterungsprozess an. Dieser teilt sich in „Biologische Alterung" und „Umweltalterung". Die **Biologische Alterung** entsteht durch den Prozess der Zellteilung und ist nicht aufzuhalten. Mit dem biologischen Alterungsprozess entwickeln sich zum Beispiel neben einer Abnahme der Funktionsfähigkeit der Sinnesorgane auch eine Schwächung der Muskulatur. Alle Faktoren der biologischen Alterung wirken mehr oder minder aufeinander ein und begünstigen sich zum Teil gegenseitig, so dass man frühzeitig mit entsprechenden Gegen- bzw. Trainingsmaßnahmen beginnen sollte. Die **Umweltalterung** wird, wie der Name schon sagt, durch äußere Einflüsse verursacht. Dazu zählen Sonnenstrahlung, Stress, Passivrauchen in Raucherhaushalten, Langeweile… um nur einige Faktoren zu nennen. Hier gilt es lebenslang möglichst viele Negativeinflüsse zu vermeiden oder zumindest so gering wie möglich zu halten.

Wann ist eine Katze „alt"?

Für die meisten Halter bleibt die Katze „das ewige Kind", auch wenn diese längst aus dem Kittenalter herausgewachsen ist. Dennoch: Auch Katzen werden alt. Ab etwa 11 Jahren fangen bei Katzen die altersbedingten Verhaltensveränderungen an. Ab etwa 15 Jahren ist mit medizinischen Problemen zu rechnen. Dies ist jedoch lediglich ein grobes Richtmaß, denn wie beim Menschen kann es auch erst viel später oder auch gar nicht zu ersichtlichen Altersbeschwerden kommen. Jede Katze ist ein Individuum und genauso individuell verhält es sich mit der Alterung.

Neue Marotte oder Folge des Alters?

Wer seine Katze tagein tagaus um sich hat, wird vielleicht erst recht spät bemerken, dass auch sie älter geworden ist. Ein Großteil der Verhaltensveränderungen wird oft als „neue Marotte" der Katze eingestuft, bevor der Halter an das Älterwerden denkt. Eine zunehmende Einschränkung der Sinnesfunktionen kann zu einer Desorientierung der Katze führen. Das abnehmende Seh- oder Hörvermögen und der damit verbundene Orientierungsverlust, kann dabei zum Beispiel Stress, aber auch Stressaggression auslösen. Dies ist keine böse Absicht der Katze und kein Grund es persönlich zu nehmen. Im Gegenteil: Ihre Katze benötigt gerade dann besondere Unterstützung von Ihnen, um sich wieder wohlfühlen zu können.

Und das passiert: Weniger hören, riechen, tasten verunsichert die Katze je nach Ausprägung mehr oder weniger stark, so dass Missverständnisse zu anderen Tieren im Haushalt aber auch zum Menschen entstehen können. Bekannte werden als Fremde misstrauisch beobachtet, Fremde werden als Freunde angesehen, unbekannte Umweltreize (z.B. Geräusche, Gerüche) werden von der Katze als Bedrohung empfunden, die Katze vergisst den Standort der Katzentoilette und wird unsauber.
In diesem Zusammenhang können sich auch die rassetypischen Merkmale und die persönlichen Eigenarten verstärken oder ins Gegenteil umkehren. Eine ruhige Katze wird zum Beispiel noch ruhiger oder sie wird hyperaktiv.

Auf die Schnelle: Gesundheitliche Veränderungen

- Beeinträchtigung der Sinnesorgane (schlechter hören, sehen, schmecken, tasten)
- Schwächung der Muskulatur
- Schwächung des Bindegewebes
- Abnutzungserscheinungen der Knochen
- verminderter Stoffwechsel
- Schwächung des Immunsystems

Typische Verhaltensveränderungen

- Rastlosigkeit oder extremes Ruhebedürfnis (vermehrtes Schlafen)
- Appetitlosigkeit (durch eingeschränkten Geruchs-/Geschmackssinn)
- verminderter Spieltrieb/Lethargie
- Verwirrtheit (durch Orientierungslosigkeit)
- vermehrtes Maunzen
- zunehmende Schreckhaftigkeit (durch eingeschränktes Hör-/Sehvermögen)
- Kälteempfindlichkeit/frieren (durch schlechtere Durchblutung, Bewegungsmangel und schlechteren Stoffwechsel)
- Verunsicherung durch Orientierungsverlust

Veränderungen der Sinnesorgane

Das Gehör
- das räumliche Hören verschlechtert sich
- hohe Töne können besser geortet werden als tiefe Töne (die Verhärtung des Bindegewebes mindert die Schwingung der Gehörmembran, so dass tiefe Töne nicht mehr „differenziert" wahrgenommen werden können.)
- die Individualerkennung der Stimme entfällt, da Klangmuster nicht mehr so gut erkannt werden

Probleme:
  Orientierungsverlust, Verunsicherung
Gegenmaßnahmen:
  höher sprechen um der Katze das Hören zu erleichtern, frühzeitig Mehrkanalkommunikation (Zeichensprache, Gesten) einsetzen.

Die Tastsinne
- Tastfähigkeiten lassen nach

Problem:
  Schwierigkeiten mit Untergründen durch mangelndes Gleichgewicht, erhöhte Gefahr von Verletzungen durch Stürze oder auch Verbrennungen im Haushalt.
Gegenmaßnahmen:
  Sicherheit im Haushalt erhöhen, verstärkt auf die Katze achten.

Der Geruchssinn

- Geruchsvermögen lässt nach (Riechzellenerneuerung verlangsamt sich)
- Geruchsdifferenzierung fällt schwerer

Problem:
    Verunsicherung
Gegenmaßnahmen:
    frühzeitiges, aktives Verhaltensmanagement, um fremden Gerüchen den Schrecken zu nehmen

Veränderungen in Bezug auf die Botenstoffe sorgen für...

Aggression, Reizbarkeit, Unruhe
Das passiert: Die Neubildung von Serotonin verlangsamt, der Abbau hingegen beschleunigt sich.

Problem:
    Serotoninmangel führt zu instabilem Verhalten, wie zum Beispiel Aggression, Reizbarkeit, seniler Bettflucht und kann auch zu Verstopfung führen.
Gegenmaßnahme:
    Eine Behandlung mit Medikamenten durch den Tierarzt, kann testweise aufgrund der Verhaltensschilderung erfolgen. Bei Hektik und Nervosität der Katze sollte der Thyroxinspiegel getestet werden, da sich das Schilddrü-

senhormon unter anderem auch auf den Adrenalinhaus-
halt auswirkt. Adrenalin beeinflusst als Hormon des
aktiven Stresssystems das Verhalten hinsichtlich Erkundung
und Problembewältigung, sowie das Fluchtverhalten der
Katze.

Antriebslosigkeit
Das passiert: Der Dopaminspiegel sinkt.

Problem:
  Der Mangel an der „Lern- und Selbstbestätigungsdroge"
  Dopamin führt zu Antriebslosigkeit.
Gegenmaßnahme:
  Anregung durch Verhaltenstraining (z.B. Clickertraining)
  für einen Belohnungseffekt.

Gedächtnisschwäche, Empfindlichkeit, Orientierungslosigkeit
Das passiert: Der Cortisolspiegel steigt.

Problem:
  Ein Anstieg des Cortisolspiegels führt zu Gedächtnis-
  schwäche, Stressempfindlichkeit, Konzentrationsschwä-
  che, eingeschränktem Erinnerungsvermögen, einem
  „Gefühl von Prüfungsstress" und mündet in Orientierungs-
  losigkeit.
Gegenmaßnahmen:
  Zur Dämpfung des Cortisolspiegels muss die Serotonin-

und Dopaminversorgung angehoben werden. Das kann durch die Gabe entsprechender Medikamente durch den Tierarzt erfolgen.

Kater Pauli mit 5 Jahren - er hat den Umzug problemlos überstanden.

Für alte Katzen bedeuten Umzüge jedoch mehr Stress, da sie sich nicht mehr so leicht orientieren können und insgesamt stressempfindlicher sind.

Vorbereitungen auf das Seniorenalter

Man kann den Alterungsprozess nicht aufhalten. Aber man kann sich und seine Katze auf die Seniorenzeit vorbereiten. Auch hier gibt es durchaus Parallelen zu uns Menschen.

Geistige Aktivität und Kommunikation
Der Entwicklung von Senilität (verursacht durch Dopaminverlust) können Sie durch Anregung der geistigen Aktivitäten, zum Beispiel mit Clickertraining und Geschicklichkeitsspielen,

entgegenwirken. Da davon auszugehen ist, dass ein oder sogar mehrere Sinnesorgane mit zunehmendem Alter ausfallen oder zumindest beeinträchtigt werden, sollte man bereits frühzeitig auf verschiedenen Kanälen kommunizieren. Zusätzlich zur Stimme können beim Spielen zum Beispiel auch Gesten eingesetzt und trainiert werden. Fällt später ein Sinnesorgan aus, bleibt zumindest eine Alternative zur Kommunikation übrig. Außerdem ist es bereits in jungen Jahren ratsam nicht jede Ansprache durch die Katze verbal zu beantworten. So niedlich solche Zwiegespräche anfangs sind, so anstrengend können sie irgendwann werden. Dann nämlich, wenn die Katze bei jeder Gelegenheit anfängt ihr Miau dazuzugeben. Spätestens, wenn im Alter das Maunzen durch Orientierungslosigkeit ohnehin schon verstärkt auftritt, kann das problematisch werden.

Körperliche Fitness und Ernährung

Die Unterstützung der Bewegung, zum Beispiel durch schnelle Jagdspiele, trainieren die Muskeln und erhalten die Beweglichkeit. Eine biologisch sinnvolle Ernährung, zur Schonung der Leber und zur Vermeidung von Übergewicht, ist nicht erst mit fortgeschrittenem Alter empfehlenswert. Darüber hinaus können im Alter in Absprache mit dem Tierarzt entsprechende Nahrungsergänzungsmittel gegeben werden, die bei bestimmten gesundheitlichen Problemen hilfreich sein können.

Zufriedenheit und Wohlbefinden

Gerade bei Katzen ist ein aktives Verhaltensmanagement wichtig und das möglichst schon in jungen Jahren. Regelmäßiges Stressbewältigungstraining, zum Beispiel durch zu bewältigende Frustrationen und viel Abwechslung im Alltag (neue Gerüche, Geräusche, Gegenstände) kann dann zu einer Stabilisierung des Stresshormonsystems führen. Grundsätzlich sollte Mensch wie Katze auf alles verzichten, was für die Gesundheit schädlich ist. Dazu zählen auch übermäßige Sonnenstrahlung, Stress, Passivrauchen und nicht zuletzt Langeweile.

Es ist ratsam frühzeitig Gegenmaßnahmen für die bekannten Veränderungen zu ergreifen, um den Alterungsprozess zu verlangsamen und die Beschwerden möglichst lange gering zu halten.

Übrigens: Alte Katzen verletzen sich nicht nur leichter, gerade Freigänger haben manchmal nicht mehr die Kraft sich wie früher im Revier zu behaupten und kommen mit Verletzungen nach Hause. Halten Sie ein für Katzen geeignetes Desinfektionsmittel bereit, um offene Wunden schnell desinfizieren zu können und um Entzündungen zu verhindern. Ihr Tierarzt berät Sie, welche Mittel sich am besten eignen und stellt Ihnen sicher gerne ein **Notfallset** zusammen.

Die alte Katze verlangt eine Extraportion Zuwendung und Einfühlungsvermögen. Ich bin der Meinung sie hat sich diese Zuwendung, wie jedes andere Lebewesen auch, verdient und sollte nicht als zickige und launische, alte Diva ihrem Schicksal überlassen werden oder gar in ein Tierheim abgeschoben werden. Denn wir alle werden älter...

Katze Dolly mit 6 Jahren
Sie hat bis zu den ersten altersbedingten Veränderungen noch Zeit.

Feintuning im Katzenhaushalt - mehr Komfort für die alte Katze

Wir Menschen lieben es bequem, ganz gleich wie alt wir sind. Aber mit zunehmenden Alter gewinnt der Komfort im Alltag immer mehr an Bedeutung. Es geht nicht mehr einfach nur um Bequemlichkeit, sondern zum Teil auch darum Alltägliches weiterhin selbständig bewältigen zu können und sich trotz der immer häufiger auftretenden Zipperlein wohl zu fühlen. Wer sich die Produkte für Menschensenioren einmal angesehen hat, weiß an welchen Stellen es im Alter hapert. Jetzt ist es sicherlich zu weit hergeholt seiner Katze eine Brille aufzusetzen und ihr einen Rollator in die Pfoten zu drücken. Aber ganz so falsch wäre dieser Grundgedanke nicht, denn die Katze hat im Alter nun einmal mit ganz ähnlichen Beschwerden zu kämpfen wie wir Menschen.

Der Lieblingsplatz hoch oben auf dem Kratzbaum, welcher sonst leichtpfotig erklommen wurde, kann nur noch mit Mühe erreicht werden. Und auch die Benutzung der Katzentoilette (welche eventuell schon immer ein wenig zu klein war) bereitet jetzt Schwierigkeiten, da die Katze nicht mehr so beweglich ist wie einst. Es gibt zahlreiche, individuelle Bedürfnisse, die ganz plötzlich entstehen, einfach nur weil die Katze älter geworden ist.

Nun ist das Alter an sich keine Krankheit und es gibt erfreulich viele Ideen und Helferlein, wie wir die alltäglichen Dinge unserer Katze im Alter unterstützen können. Es muss jedoch ein Umdenken bei uns, also beim Menschen stattfinden. Die Erkenntnis, dass die geliebte Katze, das ewige Kind, nun alt ist zeigt uns, dass auch unsere Lebenszeit vorangeschritten ist. Manch einer weigert sich partout dies einzusehen, aber so ist der Lauf der Dinge. Also betrachten wir die Alterung unserer Katze nicht mit Furcht oder gar Ignoranz, sondern freuen wir uns, dass sie schon so viele schöne Jahre hatte und konzentrieren wir uns darauf, dass sie noch viele weitere schöne Jahre erleben kann. Denn das ist Dank guter Versorgung und den Fortschritten in der Medizin möglich. **Das Alter ist nicht das Ende!**

Es gibt viele, viele individuelle Kleinigkeiten, die im Leben der alten Katze Probleme verursachen können. Aber es gibt ebenso viele Ideen und Produkte, die ihr das Leben erleichtern und ihre Unabhängigkeit aufrecht erhalten können. Die folgenden Seiten widmen sich deshalb einerseits den möglichen Problemen, die im Alltag der alten Katze entstehen können, zeigen aber auch gleichzeitig mögliche Lösungsstrategien auf.

Katzenklo & Co.

Es kann zugegebenermaßen etwas verwirrend sein wenn die Katze, die seit ewigen Zeiten ihre Katzentoilette mit gewohnter Streu genutzt hat, diese plötzlich nicht mehr aufsucht. Zuerst ist es notwendig die Gesundheit durch einen Tierarzt prüfen zu lassen. Denn gesundheitliche Schwierigkeiten gehören bei Katzen zu einer der häufigsten Ursachen für Unsauberkeit. Wer denkt, seine Katze wäre „einfach senil" geworden und die Situation auf sich beruhen lässt, macht es sich zu einfach und lässt seine Katze im Stich. Erschreckenderweise kenne ich viele solche Geschichten, in denen die in die Jahre gekommene Katze unsauber geworden ist und die Halter sie daraufhin ohne weitere Maßnahmen in Betracht zu ziehen einfach in das Gartenhaus verbannt haben.

Aber auch diejenigen unter den Haltern, die nach einer Lösung suchen, wollen oder können zuerst oft nicht einsehen, dass sich die Bedürfnisse der Katze ganz einfach im Laufe der Zeit verändert haben. Was für die Katze bisher gut war, muss für sie heute nicht unbedingt immer noch gut sein.

Strategie zur Lösungsfindung bei Problemen mit der Katzentoilette

1. Gesundheitscheck

Bei Unsauberkeit, beziehungsweise bei „Nichtbenutzung" der Katzentoilette, gilt es zügig den Tierarzt aufzusuchen und die Katze gründlich untersuchen zu lassen. Je schneller dies geschieht, desto einfacher lässt sich unter Umständen herausfinden, was die Ursache ist. Ist die Katze krank, wird die Unsauberkeit wahrscheinlich nach erfolgter Behandlung, zum Beispiel im Falle einer Blasenentzündung, schnell wieder verschwinden. Kann keine Erkrankung festgestellt werden, müssen andere Ursachen in Erwägung gezogen werden. Und das wird immer schwieriger, je mehr Zeit ins Land geht.

 Wichtig: Ist es zu Pannen bei der Benutzung der Katzentoilette gekommen, sollten die verunreinigten Stellen im Haushalt unbedingt mit einem dafür vorgesehenen **Geruchsneutralisierer** behandelt werden. Herkömmliche Reinigungsmittel, Essig und andere Hausmittel, beseitigen den Uringeruch nicht gründlich genug und können aufgrund des starken Eigengeruchs die Katze zusätzlich irritieren. Im ungünstigsten Fall fängt die Katze damit an diese Stellen zu markieren, um den für sie so beängstigenden Geruch zu überdecken. Spezielle Geruchsneutralisierer hingegen sind für Mensch und Tier unbedenklich und reinigen die betroffenen Stellen so, dass selbst für die feine Katzennase kein Geruch übrig bleibt. Diese Reiniger sind am besten über das Internet zu bekommen, da man dort die größte Auswahl hat. Aber auch gut sortierte Zoofachgeschäfte haben die **Urinreiniger** in der Regel vorrätig. Am besten vergleichen Sie verschiedene Produkte, denn der erstbeste Reiniger muss nicht unbedingt der Beste sein. Achten Sie darauf, dass der Reiniger ungiftig und unparfümiert ist und wenden Sie ihn genau nach Anleitung an.

2. Veränderungen im Katzenumfeld prüfen
Wurde etwas im Katzenumfeld verändert? Wenn ja, was?

Katzen reagieren ohnehin schon sehr sensibel auf Veränderungen. Alte Katzen jedoch häufig noch viel stärker, da ihre Anpassungsfähigkeit nachlässt. Wenn also etwas verändert wurde und die Möglichkeit besteht den ursprünglichen Zustand wieder herzustellen, kann das bereits eine Lösung sein, damit die Katze die Toilette wieder benutzt. Ist dies nicht möglich, müssen je nach Art der Veränderung behutsam Alternativen ausprobiert werden. Wurde beispielsweise die gewohnte Katzenstreu vom Markt genommen, so gilt es als Ersatz eine Streu zu finden, die der alten Katzenstreu so ähnlich wie möglich ist.

3. Katzentoilette und Streu prüfen

Sind die Gegebenheiten der Katzentoilette ideal oder hat die Katze diese bisher einfach nur großzügig toleriert?
Es kann durchaus sein, dass aufgrund eingeschränkter Beweglichkeit oder anderer neu hinzugekommener Faktoren, die Gegebenheiten der Katzentoilette für die Katze nun nicht mehr akzeptabel sind. Jetzt heißt es unbedingt Ruhe bewahren und nicht wie wild alles auf den Kopf zu stellen. Denn damit kann man das Problem verschlimmern und die Katze unnötig verunsichern.

- Beobachten Sie Ihre Katze und nehmen Sie die Stellen unter die Lupe, welche sie als Ersatz für die Katzentoilette genutzt hat. *Was zeichnet diese Stellen aus? Welchen Komfort bieten sie ihrer Katze, welchen die Katzentoilette nicht bietet?*

- Prüfen Sie kritisch, ob die Katzentoilette eventuell nicht mehr leicht genug erreicht werden kann. *Ist Ihre Katze körperlich fit?* Bei Einschränkung der Beweglichkeit der Katze kann eine kleine Stufe (ein fester Karton, eine Plastikbox oder ein Holzkistchen) vor dem Eingang den Ein- und Ausstieg erleichtern.

- *Hat Ihre Katze in den letzten Jahren an Gewicht zugenommen?* Eventuell ist die Katzentoilette nun nicht mehr groß genug. Das zusätzliche Gewicht und eventuelle Bewegungseinschränkungen machen ihr den Gang zur Toilette schwer bis unmöglich. Auch eine Haube wirkt nun eventuell beengend für die Katze. Eine deutlich größere Katzentoilette kann Abhilfe schaffen.

Gestiegenes Gewicht sorgt aber auch unter Umständen dafür, dass die bisher verwendete, grobkörnige Katzenstreu nun unter den Pfoten drückt. Eine feinkörnigere Klumpstreu ist eventuell eine geeignete Alternative.

- *Wohnen Sie auf mehreren Etagen und hatten bislang nur eine Katzentoilette für Ihre Katze im Einsatz?* Dann wird es unter Umständen Zeit ihr den Gang zur Toilette zu erleichtern und ihr auf weiteren Etagen zusätzliche Katzentoiletten zur Verfügung zu stellen. Dies gilt übrigens auch für sehr große Wohnungen. Dann empfiehlt es sich in weiteren Zimmern zusätzliche Katzentoiletten aufzustellen, um die Toilettenwege für die Katze zu verkürzen.

- *Ist Ihre Katze Freigänger und hatte bisher keine Katzentoilette im Haus? Oder haben Sie die Katzentoilette im Haus eventuell nach einiger Zeit abgeschafft, da sie von der Katze kaum noch oder gar nicht genutzt wurde?* Draußen ist es eventuell im Laufe der Jahre ungemütlich geworden, Nachbars Katze rückt Ihrer Katze bei Verrichtung ihres Geschäfts zu sehr auf die Pelle oder Ihre Katze schafft es nicht mehr schnell genug nach draußen, wenn sie merkt, dass sie zur Toilette muss. Dann ist jetzt der Zeitpunkt gekommen, um den Betrieb der Indoor-Katzentoilette wieder aufzunehmen.

Auf die Schnelle: Fehlersuche rund um die Katzentoilette

Zu wenige Katzentoiletten: Manche Katzen brauchen eine zweite Toilette, um ihre Hinterlassenschaften getrennt voneinander verrichten zu können. Aber auch im Mehrkatzenhaushalt oder in größeren Haushalten mit mehreren Etagen, sollten zusätzliche Toiletten aufgestellt werden.

Katzentoilette zu klein: Katzen drehen sich ein paar Mal, bis sie die richtige Position in der Toilette gefunden haben, um ihr Geschäft zu verrichten. Dazu brauchen sie genügend Platz und dementsprechend eine ausreichend große Katzentoilette. Im Laufe der Jahre kann die bisherige Toilette durch Gewichtszunahme und eingeschränkte Bewegung zu klein geworden sein. Gönnen Sie Ihrer Katze eine geräumige Luxustoilette mit genügend Standfläche und ausreichender Stehhöhe, falls sie eine Haube hat. Tipp: Quaderförmige Toiletten mit eckigem Design bieten im Inneren mehr Platz, als Toiletten mit abgerundeten Ecken.

Katzentoilette mit Haube und Klappe: Manche Katzen mögen beim Toilettengang weder eine Klappe am Eingang, noch eine Haube über dem Kopf. Das Abnehmen von Klappe und/oder Haube kann bereits eine Lösung für die Unsauberkeit sein, auch wenn diese zuvor jahrelang toleriert wurden.

Einstieg zu hoch/zu eng: Der Einstieg der Katzentoilette kann im Alter zum Hindernis werden. Stellen Sie eine kleine Stufe davor, um ihrer Katze den Einstieg in die Katzentoilette zu erleichtern.

Unpassende Katzenstreu: Auch nach langer Benutzung der gewohnten Streu kann es vorkommen, dass die Katze die Streu plötzlich als unangenehm an den Pfoten empfindet. Hier kann eine feinere, klumpende Streu die richtige Alternative sein. Starke Gerüche, also auch Duftstoffe in der Streu, können der Katze den Besuch ihrer Katzentoilette ebenfalls verleiden. In diesem Fall ist es besser unbeduftete Streus zu verwenden.

Abrupte Änderung der Katzenstreu: Ein Streuwechsel sollte immer schrittweise erfolgen, damit sich die Katze langsam an die neue Streu gewöhnen kann.Das gilt besonders für alte, nicht mehr so anpassungsfähige Katzen.

Ungeeigneter Aufstellort der Katzentoilette: Die Katzentoilette sollte an einem ruhigen und gut zugänglichen Ort stehen. Den Aufstellort zu verändern, kann jedoch ebenfalls zu Irritationen führen. Außerdem ist die Katzentoilette kein geeigneter Ort um ihr aufzulauern und sie dann beispielsweise in ihren Transportkorb zu stecken oder ihr dort Medikamente zu verabreichen, denn auch das kann ihr die Benutzung der Katzentoilette verleiden.

Tell-El Amarna's Cahira mit 14 Jahren

Was tun bei anhaltender Inkontinenz?

Wenn Ihre Katze im Alter inkontinent geworden ist, so werden Sie sicherlich mit Ihrem Tierarzt des Vertrauens sämtliche Möglichkeiten zur Behandlung in Erwägung gezogen haben. Dennoch kann es sein, dass Ihnen nichts anderes übrig bleibt, als mit der Inkontinenz Ihrer Katze umzugehen zu lernen. Das ist nicht schön, aber es ist auch kein Grund sich zu schämen oder gar um die Katze frühzeitig einschläfern zu lassen. Es gibt viele Beispiele, in denen die Halter den Umgang damit gelernt haben und der Katze, vorausgesetzt sie hat keine Schmerzen, noch eine lebenswerte, schöne Zeit ermöglicht haben.

Ältere Katzen haben manchmal Verdauungsprobleme. Auch die hübsche **Cahira** bekam im Alter immer öfter Durchfälle, beziehungsweise verlor einfach ein paar Kleckse, dort wo sie gerade schlief. Für ihre Halter war die Pflege selbstverständlich, auch wenn sie mit einem Mehraufwand verbunden war. *„Jede unserer Katzen wurde im Alter pflegebedürftig und es entstanden neben dem Aufwand auch immer Mehrkosten - aber es lohnt sich! Ein Blick in die Augen der Katze und ein sanfter Nasenstüber entschädigen dafür. Garantiert!"* Cahira's Verdauung wurde schließlich mit einem speziellen Diätfutter unterstützt. Dennoch musste der Katzenpo oftmals gesäubert werden - manchmal auch mit ein wenig Protest. Kochfeste Handtücher und Stoffwindeln auf den Schlafplätzen, konnten bei Bedarf gewechselt werden und haben die Reinigung erleichtert.

Häufig sind es auch nicht die Halter selbst, die ein Problem damit haben die Katze in diesem nun notwendigen Maße zu pflegen, sondern Verwandte, Freunde und Bekannte, die kein Verständnis dafür aufbringen. Lassen Sie sich davon nicht verunsichern, sondern überlegen Sie gezielt wie Sie am besten mit der Inkontinenz Ihrer Katze umgehen können und welche Produkte Sie dabei unterstützen können. Mit einem geeigneten „Schlachtplan" lässt sich vieles meistern. Ihre Katze hat es verdient!

Für den Alltag empfiehlt es sich ein paar Produkte griffbereit zu haben. Mit **Einweghandschuhen**, dem bereits beschriebenen **Geruchsneutralisierer** (Haustierreiniger, Urinreiniger) und gegebenenfalls **Inkontinenzdecken** zur Ausstattung der beliebtesten Liegeplätze, kann man routiniert für Sauberkeit sorgen. Besteht bei Ihrer Katze auch eine Stuhlinkontinenz, so kann es hilfreich sein bei ihr das Fell am Popo zu kürzen, um es besser sauber halten zu können. Hierfür eignet sich eine **Pfotenfellschere**. Diese hat eine abgerundete Spitze, die vor Verletzungen schützt, ist aber auf der gesamten Schneidfläche scharf. Weitere nützliche Produkte kann man auch aus der menschlichen Alten- beziehungsweise Babypflege abwandeln.

 Tiger's Tipp:

 Bezugsquellen und aktuelle Informationen zu den erwähnten Produkten finden Sie auf: www.katzen-leben.de/katzensenior-tipps

Erreichbarkeit von Lieblingsplätzen

Bei Wohnungskatzen, die langsam etwas wackeliger auf den Beinen werden, können zusätzliche Kletterhöhen in Form von Hockern oder Regalen dabei helfen, dass sie auch weiterhin problemlos ihre Lieblingsplätze erreichen können.

Auch wenn Katzen sicherlich viele verschiedene Liegeplätze haben und es bevorzugen diese hin und wieder zu wechseln, so gibt es doch besonders wertvolle Plätze, die ein Katzenleben lang aufgesucht werden. Sei es zum entspannten und sicheren Ausruhen oder zum Beobachten. Wenn die Katze irgendwann einmal nicht mehr in der Lage ist diese Plätze eigenständig aufzusuchen, ist es gerade für Wohnungskatzen eine ernst zu nehmende Beschneidung ihres Lebensraums. Sicherlich kann der Mensch seine Katze hin und wieder auf diese Lieblingsliegeplätze hinaufheben. Die selbständige Ereichbarkeit sollte jedoch im Vordergrund stehen, denn nicht immer steht der Mensch zur Verfügung.

Kratzbäume und Kratztonnen
Vor Kratzbäumen und Kratztonnen können ganz einfach normale Hocker gestellt werden, damit die Katze den Aufstieg in kleineren Etappen meistern

Aufstiegshilfen für den Liegeplatz auf der Fensterbank

Tell-El Amarna's Nephthys
mit einem Zusatzregal als Aufstiegshilfe zum Lieblingsplatz.

kann. Aber auch **Kittenkratzbäume** oder **niedrige Kratzton-nen** erfüllen diesen Zweck. Ist es ohnehin an der Zeit ein Kratzmöbel auszutauschen, so sollten beim Neukauf direkt **seniorentaugliche Kratzmöbel** in Betracht gezogen werden. Diese zeichnen sich durch mehrere, kleine Stufen zum Aufstieg und besonders komfortable und **abgesicherte Liegeflächen** aus, von denen die Katze nicht so leicht hinabstürzen kann.

Doch Vorsicht: Kratzmöbel tragen sehr viel zum Sicherheitsgefühl der Katze bei und sollten nicht einfach radikal ausgetauscht werden. Am besten stellt man den neuen Kratzbaum vorübergehend zusätzlich zum alten auf und wartet, bis sich die Katze an das neue Utensil gewöhnt hat. Alternativ hilft es bei der Umgewöhnung auch einzelne Teile des alten Kratzbaums abzuschrauben und diese in der Nähe des neuen Kratzbaums zu platzieren, damit der gewohnte Geruch nicht ganz verloren ist. Denn der Kratzbaum dient nicht nur der Krallenpflege. Der individuelle Eigengeruch und die optischen Kratzmarkierungen tragen maßgeblich zum Sicherheitsgefühl der Katze bei. Diese wichtige Basis zum Wohlfühlen sollte man gerade der alten Katze auf keinen Fall unbedacht wegnehmen.

Erhöhte Liegeplätze
Junge Katzen sind die reinsten Akrobaten und klettern mühelos auf Regale und hochgelegene Schränke, um es sich dort bequem zu machen und manchmal auch um den allzu streichelwütigen Menschenhänden aus dem Weg zu gehen. Wer-

den solche Plätze im Alter unerreichbar, kann das für die Katze regelrechten Stress bedeuten, da sie sich nur noch schwer entspannen kann. Herkömmliche Bücherregale mit Teppich beklebt oder spezielle Katzen-Catwalks, welche an der Wand befestigt werden, können diese beliebten Ruheplätze wieder erreichbar machen. Aber nicht nur das Ausruhen, auch das Beobachten aus luftiger Höhe ist für die Katze wichtig, da sich von dort vollkommen andere Blickwinkel ergeben. Denken Sie daran, dass das Lebensumfeld einer Wohnungskatze ohnehin schon sehr eingeschränkt ist und helfen Sie ihr im Alter dabei ihr Lebensumfeld weiterhin nutzen zu können, damit es sich nicht aufgrund von körperlichen Gebrechen unnötig verkleinert.

Kater Raffi ist mit seinen 8 Jahren noch gar nicht so alt. Dennoch fiel es ihm schwer auf seinen Lieblingsplatz ganz nach oben zu klettern und dabei hatte er schon einige Schäden am Fellbezug des Kratzbaums angerichtet. Mittlerweile hat er eine Kratzbaumergänzung zwischen der ersten und zweiten Ebene als Kletterhilfe bekommen, durch welche er den Aufstieg auf die oberste Etage mühelos schafft. Der Kratzbaum musste dafür gar nicht neu gekauft werden. Es wurden einfach Ersatzteile ergänzt und sinnvoll montiert. Und das ist doppelt gut: Raffi durfte seinen alten Kratzbaum behalten und die Halterin hat Geld für einen neuen Kratzbaum gespart.

Kater Raffi mit 8 Jahren
Zwischen der unteren und der oberen Sitzfläche
erleichtert mittlerweile eine dritte Ebene den Aufstieg.

Schlafen im Bett des Menschen

Erinnern Sie sich daran, wie Sie als Kind im Bett der Eltern geschlafen haben, dort bei Angst und Krankheit Trost fanden und sich ganz und gar beschützt und geborgen gefühlt haben? Auch Katzen genießen die Nähe zu ihrem Menschen bisweilen sehr und ziehen sich in das Bett des Menschen zurück. Das kann tagsüber sein, aber natürlich auch nachts, wenn wir selbst zur Ruhe kommen und schlafen müssen. Es kann sein, dass Ihre Katze diese Vorliebe erst im Alter für sich entdeckt oder aber, dass sie schon immer bei Ihnen geschlafen hat. Ganz gleich seit wann sie dieses Bedürfnis verspürt, sie hat es und es wäre schlimm, wenn sie von diesem Ort des absoluten Wohlbehagens plötzlich ferngehalten wird. Lassen Sie wenn möglich Ihrer Katze zuliebe die Schlafzimmertür tagsüber geöffnet und gewähren Sie ihr auch nachts Zutritt, wenn ihr nach Nähe ist.

Leider ist es so, dass manche Katzen im Laufe ihres Lebens nachts unruhig werden. Versuchen Sie in diesem Fall die Ursache zu finden und gegebenenfalls einen Tierarzt aufzusuchen. Denn es kann durchaus sein, dass Ihre Katze Schmerzen hat, welche Sie erst nachts bemerken, wenn alles um Sie herum ruhig ist. Sollte es unumgänglich sein, dass die Katze aus dem Schlafzimmer ausgesperrt wird, so bedenken Sie wie arg dieser Einschnitt für Ihre Katze ist und versuchen Sie diesen an anderer Stelle mit viel Aufmerksamkeit und Zuneigung auszugleichen.

Wärme für die alten Knochen

Alte Katzen frieren schneller, so dass man ihnen etwas Gutes tut, wenn man für sie ordentlich die Heizung aufdreht. In Zeiten gestiegener Energiekosten ist es jedoch manchmal nicht möglich den ganzen Tag die Heizung voll aufzudrehen, auch wenn man seiner Katze die Wärme noch so sehr gönnt.
Aber es gibt gute Alternativen.

Heizmatten
Es gibt Heizdecken für Tiere, die sich nur bei Druck durch das Tier erwärmen und sich ansonsten im Energiesparmodus befinden. Diese Heizmatten sind besonders im Urlaubsfall eine gute Lösung um der Katze dauerhaft Wärme zur Verfügung zu stellen, ohne dabei die Heizung voll aufdrehen zu müssen.

Thermodecken
Eine weitere Möglichkeit für eine zusätzliche Wärmequelle bietet die „selbstheizende" Thermodecke. Diese braucht keinen Strom, sondern reflektiert die Körperwärme der daraufliegenden Katze und sorgt so für angenehme Wärme.

Kirschkern- und Körnerkissen
Auch mit dem guten, alten Kirschkern- oder Körnerkissen kann man seiner Katze zumindest für eine gewisse Zeit zusätzliche Wärme spenden. In der Mikrowelle erwärmt, hält sich die Temperatur von Dinkel- und Kirschkernkissen erstaunlich lange.

Kater Gordy mit 14 Jahren

Kachelofen für Katzen

Wer nicht über den Luxus eines eigenen Kachelofens verfügt, der kann zumindest seiner Katze diesen Luxus zur Verfügung stellen. Denn es gibt ihn tatsächlich, den Kachelofen speziell für Katzen. Er funktioniert zwar mit Strom, gibt aber aufgrund der wärmespeichernden Keramik eine besonders wohlige Wärme ab. Die Optik ähnelt einer kleinen Katzenliege.

Wärmespeichernde Heizkissen

Spezielle Heizkissen oder Wärmflaschen für Heimtiere werden ebenfalls in der Mikrowelle erwärmt. Mit Fleecestoff bezogen geben sie anschließend ganz ohne Strom bis zu 10 Stunden Wärme ab. Ein tolles Produkt, welches sich für die ganze Familie nutzen lässt.

Daunenkissen

Ein herkömmliches, großes Daunenkopfkissen wird zum Beispiel mit einem Bezug aus Biber zu einem herrlichen Ort der Entspannung. Katzen können geradezu darin versinken und genießen die kuschelige Wärme und den Nesteffekt.

Kater **Gordy** ist mit seinen 14 Jahren trotz chronischem Katzenschnupfen noch quietschvergnügt. Er liebt es warm und nimmt im Sommer auf dem abgenetzten Katzenbalkon gerne ein Sonnenbad. Im Winter bekommt er warme Körnerkissen, kuschelt sich an die Heizung oder in das dicke Fell seines Katerkumpels Raffi. Ein weiterer Lieblingsplatz: Das „Katzensolarium". Nur allzu gerne legt er sich unter die warme Schreibtischlampe seiner Halterin.

Erfrischung an heißen Tagen

Auch wenn Katzen es an sich eher warm mögen, so kann es an heißen Sommertagen oder bei Hitzeperioden auch mal zu viel werden. Alte Katzen, welche schon Herz-Kreislaufprobleme haben, leiden dann ganz besonders darunter. Auch für diesen Fall gibt es Ideen, welche die heißen Tage erträglicher machen.

Katzenklimaanlage

Die Katzenklimaanlage ist selbstverständlich keine herkömmliche, mit Strom betriebene Klimaanlage, sondern viel mehr eine gut funktionierende Idee zur Umgebungskühlung im Kleinen. Dazu benötigt man lediglich einen großen Blumentopf aus Ton, den man ordentlich in der Badewanne wässert, bis keine Luftbläschen mehr daraus aufsteigen. In unmittelbarer Nähe des Katzenliegeplatzes aufgestellt, befeuchtet er nicht nur die Luft sondern sorgt durch die Verdunstung für Abkühlung. Dahinter steckt das gleiche Prinzip wie bei Weinkühlern aus Ton. Seitlich aufgestellt und mit einem Handtuch gegen Wegrollen gesichert, kann sich die Katze sogar ganz in den Tonkübel hineinlegen.

Kühlende Decken und Kühlmatten

Auch diese Unterlagen kühlen durch das Verdunsten von Wasser. Im Gegensatz zu der Katzenklimaanlage ist der Effekt am besten, wenn sich die Katze auf die Matte legt.

Unterstützung bei Fell- und Körperpflege

Früher oder später sind Katzensenioren, ganz gleich ob kurz- oder langhaarig, bei der Fell- und Körperpflege auf die Unterstützung von uns Menschen angewiesen. Es empfiehlt sich seine Katze schon in jungen Jahren daran zu gewöhnen. Aber auch wenn es versäumt wurde die Katze frühzeitig an derartige Hilfestellungen zu gewöhnen, kann die Fellpflege mit Geduld und Einfühlungsvermögen im Alter noch trainiert werden. Das Geheimnis des Erfolgs liegt dann meist in zwanglosen, vorerst kurzen Striegeleinheiten, die mit freundlichem Zureden und Leckerchen positiv bestärkt werden sollten. Die meisten Katzen verstehen relativ schnell, dass man ihnen nur helfen möchte und lassen sich über kurz oder lang darauf ein. Man sollte allerdings unbedingt auf gute und auf das Fell seiner Katze abgestimmte Fellpflegeprodukte achten. Denn hierbei gibt es sehr große Unterschiede.

Die Halter von Langhaarkatzen mögen von Anfang an daran gewöhnt sein ihre Katzen regelmäßig zu bürsten und sind sich über die Notwendigkeit im Klaren. Die Halter von Kurz- und Halblanghaarkatzen sind jedoch oft erst einmal verwundert, wenn die Katze plötzlich nicht mehr alleine mit der Fellpflege zurechtkommt. Schließlich ist sie das bisherige Katzenleben lang doch auch allein klar gekommen. Hier muss der Halter einsehen, dass ab sofort Hilfestellung notwendig ist.

Sind bereits erste Verfilzungen zu ertasten, gilt es zügig zu handeln. Denn die einzelnen Fellknötchen entwickeln sich leider recht schnell zu großflächigen „Filzmatten", welche schmerzhaft werden und im Verlauf sogar die Beweglichkeit der Katze beeinträchtigen können. Darüber hinaus kann es unter den Verfilzungen zu Ekzemen und anderen Hauterkrankungen kommen, die man seiner Katze wirklich ersparen kann. Freigänger laufen zudem Gefahr, dass sich Parasiten im Fell einnisten. Wird man den Verfilzungen allein nicht mehr Herr, so führt der Weg entweder zu einem auch auf Katzen spezialisierten Heimtiersalon oder direkt zum Tierarzt, welcher die Katze im schlimmsten Fall unter Vollnarkose scheren muss, um sie von ihrem Fellelend zu befreien. Also unbedingt rechtzeitig handeln!

Die Verringerung der Fellpflege kann bis zu einem gewissen Grad bei der alten Katze normal sein. Es können jedoch auch Schmerzen, zum Beispiel durch Zahnprobleme oder andere Erkrankungen dafür verantwortlich sein, dass die Katze ihre Körperpflege vernachlässigt. Die verminderte Fellpflege ist ein wichtiges Signal dafür, dass eventuell etwas nicht stimmt.

Hat die Katze im Alter Verdauungsschwierigkeiten und neigt zu Durchfall, kann es hilfreich sein ihr das Fell rund um den Po zu kürzen. Eine **Pfotenfellschere** mit abgerundeter Spitze eignet sich am besten hierzu.

Für den Fall, dass der Po von der Katze nicht mehr ganz so pingelig geputzt wird, gibt es spezielle **feuchte Tücher** oder aber man nimmt einen weichen **Waschlappen** mit warmem Wasser dazu.

Unterstützung bei Fell- und Körperpflege

Tiger's Tipp:

 Bezugsquellen und aktuelle Informationen
zu den erwähnten Produkten finden Sie auf:
www.katzen-leben.de/katzensenior-tipps

Krallenpflege

Im Alter werden auch die Krallen nicht mehr so gut gepflegt
wie in jungen Jahren. Typisch dafür sind zu lang geratene
Krallen, die beim Laufen auf harten Böden klappern, mit
denen die Katze an Textlien hängen bleibt oder die im
schlimmsten Fall sogar einwachsen und zu schmerzhaften
Entzündungen führen. An den Krallen der Hinterpfoten können sich darüber hinaus Verdickungen zeigen. Um Verletzungen vorzubeugen ist es dann notwendig die **Krallenschere**
einzusetzen und die Krallen regelmäßig zu kürzen.

⚠ Aber Vorsicht: Wenn die Katze dies noch nicht kennt,
gilt es zunächst sie langsam daran zu gewöhnen. Außerdem sollten Sie sich das Kürzen unbedingt von ihrem Tier-

 arzt zeigen lassen,
damit Sie die Katze
nicht verletzen. Die
Krallen sollten dann
etwa alle 12 Wochen
kontrolliert und falls
nötig geschnitten wer-
den, um Verletzungen
zu vermeiden.

Zu lang gewordene Krallen

Auf die Schnelle: Fellpflege

Wenn möglich sollte mit der Fellpflege „zu Übungszwecken"
schon bei einem Katzenbaby begonnen werden. Dazu eignet sich zum Beispiel eine Babybürste für Menschen. Eine
Kombination aus „streicheln" und „vorsichtig kämmen" ist ein
guter Anfang. Auch ältere Katzen lassen sich noch an die
Fellpflege gewöhnen:

1. Nehmen Sie sich Zeit und haben Sie Geduld!
2. Gehen Sie konsequent vor und halten Sie ihre Katze
   notfalls vorsichtig, aber bestimmt fest.
3. Belohnen Sie die Katze auch bei kleinen Erfolgen mit Lob
   und kleinen Leckerchen.
4. Machen Sie aus der Fellpflege ein Ritual, welches Sie mit
   einer Spielrunde beenden.
5. Bürsten Sie Ihre Katze mindestens zwei mal wöchentlich
   intensiv. Bei Bedarf, zum Beispiel bei Langhaarkatzen,
   kann dies auch täglich notwendig sein!

Fellpflegeprodukte:

- **Massagebürsten** aus Gummi entfernen abgestorbene
  Haare und sind gut als Einstiegsbürste zum Gewöhnen
  geeignet, da sie sehr leicht anzuwenden sind. Weiche
  Bürsten für Menschenbabys eignen sich gut zum Üben.

- Ein **Entwirrungskamm** mit drehbaren Zinken eignet sich
  zum Auflockern erster Fellknötchen. Dabei unbedingt bei

den Fellspitzen anfangen und sich langsam in Richtung Haut herantasten. Anschließend kommt eine Softbürste mit weichen Metallborsten für die regelmäßige/tägliche Pflege zum Einsatz.

- Mit einer kleinen, aber durchgängig scharfen **Pfotenfellschere** mit abgerundeter Spitze oder einem **Entfilzermesser** lassen sich bereits verfilzte oder stark verknotete Haare vorsichtig herausschneiden.
Ist die Verfilzung bereits sehr stark fortgeschritten, sollten Sie jedoch unbedingt einen Profi (Hundefrisör mit Katzenerfahrung oder Tierarzt) hinzuziehen. Denn die elastische Haut der Katze steht aufgrund der Verfilzungen stark unter Spannung, so dass die Katze bei ungeübtem Vorgehen leicht verletzt werden kann.

- Sogenannte **Deshedding-Produkte** helfen dabei bereits lose Haare aus dem Fell zu entfernen. Diese müssen je doch genau auf die Felllänge der Katze angepasst sein, um den gewünschten Effekt zu erzielen und dürfen keinesfalls bei bereits bestehenden Verfilzungen angewendet werden. Darüber hinaus sollten sie auch nicht allzu oft angewendet werden, um die Fellstruktur nicht zu beschädigen. In Zeiten des Fellwechsels können sie jedoch gut dabei helfen und den Wechsel beschleunigen.

- Macht das langhaarige Fell der Katze (zum Beispiel bei einer Perserkatze) ein **Baden** erforderlich, sollte nur ein mildes Spezialshampoo und ein entsprechender Conditioner zum Einsatz kommen. Vor dem ersten Bad ist allerdings eine fachliche Beratung von einem erfahrenen Züchter oder einem katzenerfahrenen Experten im Heimtiersalon empfehlenswert, damit das erste Bad nicht zu einer bösen Erinnerung wird.

Bereicherung des Lebensumfelds

Bei Senilität und Orientierungslosigkeit kann es Ihrer Wohnungskatze helfen, wenn Sie ihren **Lebensraum einschränken** oder ihr nachts ein kleines **Schlaflicht** zur Verfügung zu stellen. Und auch Freigänger sind unter Umständen zu großen Gefahren ausgesetzt, um sie weiterhin wie gewohnt nach draußen zu lassen. Bei Demenz, eingeschränkter Seh- oder Hörkraft oder bei körperlicher Schwäche ist es ratsam seine Freigängerkatze nicht mehr oder zumindest nicht mehr unbeobachtet nach draußen zu lassen. Dann muss drinnen für genügend Abwechslung und Sicherheit gesorgt werden.

Ist die Katze zwangsläufig zur Wohnungskatze geworden, ermöglichen **abgesicherte Fenster und Balkone** zumindest ein Stück weit am Leben draußen teilzunehmen. Es gibt einerseits feste, katzensichere Fliegengitter, welche Abstürze verhindern und dabei gleich auch lästige Insekten aus der Wohnung fernhalten. Aber auch ein Balkon bietet jede Menge Möglichkeiten, um der alten Katze ein friedliches Sonnenbad zu ermöglichen und ihr Abwechslung zu bieten. Mit Katzenschutznetzen, Teleskopstangen und speziellen Klemmvorrichtungen ist es oftmals noch nicht einmal notwendig die Fassade anzubohren. Im Internet finden sich diverse

Möglichkeiten für ein einfaches Abnetzen des Balkons. Sorgen Sie für ausreichend Schatten, einen kuscheligen Liegeplatz und einen Wassernapf. Gegebenenfalls ist es auch sinnvoll ihr auf dem Balkon eine Katzentoilette und Futter zur Verfügung zu stellen.

Spielen mit der alten Katze

Stimmen Sie Ihr Spielangebot auf die persönlichen Vorlieben und auf den Gesundheitszustand Ihrer Katze ab. Ist sie noch vollkommen fit und gesund, gibt es kaum Einschränkungen. Allerdings kann es sein, dass Ihre Katze im Alter mehrere kurze, an Stelle von wenigen, längeren Spieleinheiten bevorzugt. Lässt ihr Interesse im Verlauf des Spiels nach, legen Sie eine Pause ein. Vielleicht hat sie ja später Lust auf die Fortsetzung des Spiels.

Kater Tiger - aktiv mit 16 Jahren

Spielzeuge für aktive Katzen:
• Katzenangeln
• Federteaser
• Bälle
• dicke Bänder und Schnüre (nicht unbeaufsichtigt lassen)

Lethargisch gewordene und auch kranke Katzen lassen sich meist mit **Katzenminze- und Baldrianspielzeugen** anregen. Auch **Katzenminzespray** kann den Spieltrieb neu entfachen. Achten Sie dabei aber unbedingt auf die Qualität, denn gerade bei Baldrian- und Minzespielzeugen gibt es sehr große qualitative Unterschiede. Nur weil ein Minzespielzeug nicht auf Interesse stößt, heißt es noch lange nicht, dass Ihre Katze nicht auf Katzenminze steht. Probieren Sie dann einfach eine andere Spielzeugmarke aus.

Auch Spielzeuge, die einst langweilig und uninteressant waren, können nun ganz plötzlich interessant sein und umgekehrt. Testen Sie verschiedene Spielzeuge und Spielarten, um Ihre Katze unter Umständen neu kennenzulernen.

Spielzeuge mit Aroma:
• Baldrianmaus
• Katzenminzekissen
• mit Katzenminze gefüllte Plüschtiere
• Katzenminzespray zur Beduftung von Spielmaterialien

Wenn die Katze nicht mehr ganz so gut zu Fuß ist, findet sie eventuell eher an ruhigeren Spielen Gefallen, so dass Sie unter Umständen gar nicht merken, dass sie bereits im Spielmodus ist. Haben Sie Geduld beim Spiel und schauen Sie genau hin. Sind ihre Pupillen erweitert? Ist ihr Körper angespannt? Zuckt ihr Schwänzchen? Dann ist sie bereits im Spielbetrieb und das ganz ohne wild einem Spielzeug hinterherzujagen. Viele Halter sind der Meinung, dass die Katze erst dann richtig spielt, wenn sie mit hoher Geschwindigkeit einem Spielzeug hinterherjagt oder es in die Luft schleudert. Aber es gibt auch die ruhigeren Spiele, welche für die Katze nicht mit weniger Spielspaß verbunden sein müssen. Geben Sie Ihrer Katze auch mit ruhigen Spielen eine Chance auf ihre Spielkosten zu kommen. Denn: Regelmäßiges Spiel hilft die Katze geistig und körperlich fit zu halten, damit sie noch lange ein aktives Leben führen kann.

Katze Maxi mit 19 Jahren

Spielzeuge für ruhige Katzen:
- Rascheltunnel
- Rascheldecken
- Fummeldecken
- Kartons
- Fummelbretter
- Futterspender zum Angeln
- Papiertüten ohne Henkel
- große Kissen als Sichtschutz zum Lauern

Schläft Ihre Katze viel? Das heißt nicht unbedingt, dass sie nicht spielen möchte. Vielleicht ist sie krank (das gilt es in jedem Fall auszuschließen) oder ihr ist schlicht und ergreifend langweilig. Geben Sie sich Mühe Ihre Katze zu unterhalten und Sie wieder zum Spiel zu motivieren.

Checkliste für das Wohlbefinden

Die folgende Checkliste soll Ihnen dabei helfen herauszufinden, ob sich Ihre Katze wohlfühlt. Am Anfang der Liste stehen die wichtigsten Merkmale für das Wohlbefinden, zum Ende hin nimmt die Wichtigkeit ab.

1. Zeigt Ihre Katze periodisch auftretende Spielaktivität - die wilden 5 Minuten?
2. Streckt sie sich regelmäßig?
3. Betreibt sie ausgiebige und regelmäßige Körperpflege?
4. Gähnt Ihre Katze öfter?
5. Streckt sie beim Streicheln der Schwanzwurzel reflexartig die Beine durch?
6. Putzt sich die Katze ihr Gesicht?
7. Sucht die Katze Ihre Aufmerksamkeit?
8. Reibt sie Gesicht und Flanken an Ihnen?
9. Schnurrt sie? (Achtung, das kann auch ein Zeichen für Schmerzen sein).
10. Ruht die Katze auf erhöhten Plätzen?

Faustregel: Je mehr Fragen Sie mit Ja beantwortet haben, desto wohler fühlt sich Ihre Katze! Der erste Teil der Fragen hat dabei eine höhere Gewichtung.

Checkliste für das Wohlbefinden

Katze Micky auf dem Foto ist schon 19 Jahre alt. Die rüstige Rentnerin zeigt hier eines von 10 Merkmalen für das Wohlbefinden bei Katzen - das Strecken. Micky war in etwa bis zu ihrem 15. Lebensjahr aktive Freigängerin und hat ausgiebig gejagt. In den letzten Jahren hat der Drang nach draußen zu gehen jedoch stark nachgelassen. Sie liegt nun lieber zwischen ihren Haltern auf der Couch und genießt die Gegenwart ihrer Menschen bei kurzen gemeinsamen Ausflügen auf die Terrasse.

Gelegentlich maunzt sie laut, lässt sich dann aber sehr schnell durch ihre Menschen beruhigen, die sich bereits auf das Verhalten der „alten Micky" eingestellt haben. Den etwas weiteren Weg zur Katzentoilette im Keller findet sie noch problemlos. Sollte dies einmal nicht mehr klappen, wird einfach eine Zusatztoilette im Wohnraum aufgestellt. Als Teil der Familie wird man sich immer um sie kümmern.

Sicherheit für die alte Katze

Ganz gleich ob die Katze neu zu einer reinen Wohnungskatze geworden ist, oder ob sie schon immer Wohnungskatze war - besonders im Alter müssen Sie für Sicherheit im
Haushalt sorgen. Giftige Pflanzen und andere Gefahren sollten Sie sorgfältig aus dem Katzenumfeld entfernen.

Auf die Schnelle: Gefahren für Katzen im Haushalt

- gekippte Fenster (mit Kippfensterschutz sichern oder
  Katzennetz anbringen und das Fenster nur noch komplett
  öffnen)
- Balkone (mit Katzennetzen sichern, auch Katzen können
  vom Balkon stürzen und sich verletzen
- heiße Herdplatten (mit einem Topf mit kaltem Wasser
  abdecken)
- heiße Bügeleisen und brennende Kerzen nicht unbeaufsichtigt lassen
- Mikrowelle, Trockner, Waschmaschine (nicht offen stehen
  lassen, vor dem Benutzen prüfen ob keine Katze darin ist)
- Stromkabel (Kabelsammler nutzen, sehen schöner aus und
  schützen vor dem Knabbern)
- Schlitze und Öffnungen zwischen Schränken und Möbeln
  (verschließen, verdecken oder etwas davor stellen)
- Gießkanne mit Düngemittel oder Mitteln zur Schädlingsbe-
  kämpfung (nicht offen stehen lassen)
- Reinigungsmittel/Desinfektionsmittel (nicht offen stehen

lassen, gut wegpacken und nach dem Hausputz gut lüften bis sich Rückstände verflüchtigt haben)
- Ätherische Öle, Duftöle, Lampenöle (nicht offen stehen lassen, denn sie können lebensbedrohliche Vergiftungen hervorrufen)
- Mottenkugeln (giftig)
- Zahnseide (gefährlich bei Verschlucken)
- Messer, Schere, Nadeln, spitze Gegenstände (nicht offen liegen lassen)
- lange Bänder und Kordeln (auch im Zusammenhang mit Spielzeugen nur unter Aufsicht spielen lassen, ansonsten gut wegpacken, damit sich die Katze nicht verheddert oder stranguliert)

Mitbringsel aus der Natur und Pflanzen

Es ist eigentlich schön, wenn Ihrer Katze gelegentlich kleine Aufmerksamkeiten mitgebracht werden. Denn ein paar Stöckchen oder Herbstlaub bereichern das Leben so mancher Stubenkatze. Aber Sie sollten dabei beachten, dass Ihrer Katze nicht alles aus der Natur gefahrlos vorgesetzt werden kann. Nicht immer wird nur gepfotelt, manche Katzen knabbern auch gerne an den interessanten Gegenständen herum oder fressen diese sogar.

- Kastanien (besonders die grünen Schalen der Früchte sind giftig)
- Eiche (die Eicheln, aber auch die Pflanze und der Eichenholzstaub sind giftig)
- giftige Pflanzen gehören nicht in den Katzenhaushalt,

Tiger's Tipp:

Informationen über Katzen und Pflanzen finden Sie in meinem Buch „Katzenpflanzen" und unter: www.katzenpflanzen.de

Lebensmittel

Grundsätzlich ist es nicht gesund, wenn Ihre Katze für den menschlichen Verzehr zubereitete Nahrungsmittel zu sich nimmt. Denn diese sind in der Regel viel zu stark gewürzt. Außerdem können diese Leckerein auf Dauer zu Übergewicht führen, da die Menge meist unterschätzt wird. Einige Lebensmittel sind sogar für Katzen giftig:

- rohe Kartoffeln
- rohes Schweinefleisch (nicht offen stehen lassen oder gar verfüttern, da rohes Schweinefleisch den Aujeszky-Virus übertragen kann - die Erkrankung daran (Pseudowut) ist für Katzen tödlich, auch wenn sie mittlerweile selten geworden sein soll)
- Essensreste aus dem Hausmüll (zum Beispiel Knochen, Verdorbenes)
- Schokolade/Kakao (gut wegpacken, da das Theobromin im Kakao, welches auch in Schokolade enthalten ist für Katzen giftig ist)
- Avocado (Pflanze, Blätter, Frucht sind für Katzen giftig)
- Pfirsich (Blätter und Rinde der Pflanze, sowie die Samen sind giftig)
- Alkohol (bereits kleine Mengen können zu komatösen Zuständen der Katze führen)
- Rosinen

Medikamente

Sie sollten nur Medikamente verabreichen, die ausdrücklich für Katzen geeignet sind und über deren genaue Anwendung Sie vom Tierarzt informiert wurden. Anderenfalls kann es schlimme Folgen für Ihre Katze haben.

- Teebaumöl (nicht verabreichen oder äußerlich anwenden)
- Jod (nicht eigenmächtig zur Behandlung von Verletzungen verwenden)
- Medikamente (gut wegpacken, z.B. in eine nette Plastikbox, welche die Medikamente zudem noch vor Feuchtigkeit schützt) -> Paracetamol, Diclophenac, Aspirin, Ibuprofen können allesamt zu lebensbedrohlichen Symptomen bei Ihrer Katze führen
- Zeckenschutzmittel für Hunde mit dem Wirkstoff Permethrin können bereits in kleinen Mengen zu starken gesundheitlichen Schwierigkeiten führen

Früherkennung von Problemen

Jeder der seine Katze liebt und mit ihr ein inniges Verhältnis pflegt, wird sich im Laufe ihres Lebens immer wieder Fragen, ob es seiner Katze gut geht. Nun können wir unsere Katze leider nicht einfach dazu befragen, sondern müssen uns auf verschiedene, prüfbare Parameter und unsere Beobachtungsgabe verlassen. Um Veränderungen festellen zu können, müssen wir unsere Katze jedoch gut kennen und ein möglichst genaues Bild vom „Normalzustand" unserer Katze haben. Es gibt zwar allgemeine Hinweise, die uns bei der Entschlüsselung ihres allgemeinen Befindens helfen können, schlussendlich ist aber jede Katze so individuell, dass wir darüber hinaus auch ihre ganz eigenen Kriterien für das Wohlbefinden kennen sollten.

Die meisten Halter kennen ihre Katze auch so gut, dass sie schnell merken, wenn die Katze krank ist. Ist das allerdings nicht der Fall, bleiben viele Erkrankungen eine ganze Zeit lang unbemerkt, da sich Katzen im Krankheitsfall lange unauffällig verhalten. Auch für Tierärzte sind Katzen verhältnismäßig schwierige Patienten, da sie sehr tapfer sind und die Krankheitssymptome lange geheim halten können. Der Grund dafür: Würden sie in der Natur im Krankheitsfall ihre Schwächen offen zeigen, wären sie schnell eine leichte Beute für Feinde.

Krankheitsanzeichen oder Auffälligkeiten müssen immer im Gesamtzusammenhang betrachtet werden, eine Ferndiagnose ist in der Regel nicht möglich und zu unsicher. Im Zweifelsfall ist es deshalb besser einmal zu viel, als einmal zu wenig zum Tierarzt zu gehen, um Gewissheit zu haben und um der Katze im Krankheitsfall frühzeitig die passende medizinische Versorgung zukommen zu lassen. Denn versteckte, nicht offensichtliche Anzeichen einer Erkrankung bleiben meist unbemerkt und werden oft zu spät entdeckt. Die offensichtlichen Anzeichen hingegen können zwar leichter entdeckt werden, aber sie werden vom Halter häufig falsch interpretiert.

Erste, leider oftmals unbemerkte Anzeichen, die ein Hinweis

auf eine Krankheit sein können, sind zum Beispiel:
- Verhaltensveränderung
- Veränderung der Futter-/Trinkgewohnheiten
- Veränderung des Körpergeruchs
- optische Veränderungen

Checkliste zur Problemerkennung

Stellen Sie bei Ihrer Katze mehrere der folgenden Veränderungen fest und bleiben diese über mehrere Tage bestehen, so sollten Sie einen Tierarzt aufsuchen und der Sache auf den Grund gehen. Denn je früher eine Krankheit erkannt wird, desto erfolgreicher kann die medizinische Behandlung ausfallen.

Verhaltensveränderungen
- die ansonsten zutrauliche Katze lässt sich plötzlich nicht mehr anfassen oder versteckt sich
- die Katze spielt nicht mehr
- die Katze putzt sich nicht mehr
- die Katze wird unsauber/nutzt ihre Toilette nicht mehr wie gewohnt
- die Katze klettert nicht mehr wie gewohnt auf höhergelegene Gegenstände, springt nicht mehr

Veränderung der Futter- und Trinkgewohnheiten
Besonders im Mehrkatzenhaushalt, aber auch bei Fütterung mit immer frei zur Verfügung stehendem Trockenfutter, ist es

schwierig diese Veränderungen zu erkennen.
Hier gilt es besonders genau zu beobachten.
- die Katze frisst spürbar weniger/mehr
- die Katze frisst nur noch Nassfutter
- die Katze trinkt spürbar weniger/mehr

Veränderung des Körpergeruchs
- Atem
- Po
- Fell

Sichtbare Veränderungen
- Katze sieht anders aus als sonst
- Fell (glanzlos, stumpf, struppig)
- trübe Augen
- anderer Gang/Humpeln
- andere Haltung
- Schwanz hängt schlaff herab
- Gewichtsabnahme/Gewichtszunahme

Veränderungen der Ausscheidungen
Die tägliche Reinigung der Katzentoilette ist nicht nur aus hygienischen Gründen wichtig. Denn hier lassen sich zumindest optisch alltäglich Urin- und Kotabsatz kontrollieren.
- Farbe, Geruch, Aussehen, Konsistenz
- Häufigkeit des Kot- und Urinabsatzes
- Menge des Kot- und Urinabsatzes

Veränderungen des Gewichts
Ein weiteres Anzeichen für Erkrankungen kann auch die Ver-

änderung des Gewichts sein. Schleichender Gewichtsverlust beginnt teils schon mehrere Jahre bevor chronische Erkrankungen sichtbar werden. Damit dieser rechtzeitig erkannt werden kann, ist es ratsam seine alte Katze regelmäßig zu wiegen und das Gewicht zu notieren.

Das Wiegen auf der Personenwaage mit der Katze auf dem Arm ist allerdings ziemlich ungenau. Sie sollten darüber nachdenken sich eine **Heimtierwaage** zuzulegen, um das Wiegen zuhause durchführen zu können. Alternativ dazu eignen sich auch digitale **Brief-und Paketwaagen** oder **Babywaagen**. Achten Sie beim Kauf unbedingt auf kleine Wiegeeinheiten und eine geeignete Auflagefläche. Außerdem sollte die Waage nicht zu stark auf Bewegungen reagieren, denn dies kann ein Wiegen der Katze unmöglich machen, da sich die Waage nicht auf ein Gewicht einpendeln kann. Am besten wiegen Sie Ihre Katze im Transportkorb und ziehen das Leergewicht ab.

Tiger's Tipp:

 Bezugsquellen und aktuelle Informationen zu den erwähnten Produkten finden Sie auf: www.katzen-leben.de/katzensenior-tipps

Die folgenden offensichtlichen Anzeichen einer Erkrankung werden zwar in der Regel schneller erkannt, aber auch oft falsch interpretiert. Auch hier kann nur der Tierarzt für Gewissheit sorgen.

- häufiges Kratzen, Kopfschütteln
- Niesen, Husten
- Kahllecken des Fells (kahle Stellen)
- Keuchen, Krampfen, Taumeln
- nicht mehr Aufstehen
- Speicheln, Erbrechen, Würgen, Zittern
- Blut im Kot
- Blut im Urin

Schmerzerkennung

Schmerz ist eine unangenehme Empfindung, die durch Gewebsschäden oder Gewebszerstörung entsteht, oder aber die so wahrgenommen wird, *als ob* eine Gewebsschädigung oder -zerstörung vorläge. Aber es gibt auch Schmerzwahrnehmungen ganz ohne dass eine medizinische Ursache erkennbar ist. Da Katzen von ihrer Natur aus eher einzelgängerisch veranlagt sind, zeigen sie nur indirekte Hinweise auf Schmerz, da sie in der freien Natur durch das Anzeigen von Schmerzen nicht mit Vorteilen, sondern eher mit Nachteilen zu rechnen hätten.

Da wir Schmerzen in der Regel eher zu spät als zu früh erkennen, ist es auch oft schwierig die Ursache für den Schmerz zu finden. Es kann durchaus vorkommen, dass wir Schmerzen erst dann bei unserer Katze wahrnehmen, wenn sie anfängt sich an der schmerzenden Körperstelle kahl zu lecken oder wenn dadurch bereits sichtbare Entzündungen entstanden sind. Das gesundheitliche Problem kann dabei jedoch an einer ganz anderen Stelle legen, als an der aktuell sichtbaren.

Offensichtliches Humpeln, Ausweichen bei Annäherungsversuchen durch den Menschen und ein verstärktes Ruhebedürfnis können wichtige Hinweise auf Schmerzen geben.

Wenn sich das Fressverhalten verändert, die Katze plötzlich nur noch das weiche Futter frisst und nicht mehr richtig kaut, können auch Zahnschmerzen die Ursache sein. Gerade ältere Katzen sind recht häufig davon betroffen. Je nach Stärkegrad dieser Schmerzen, wird manch eine Katze auch aggressiv.

Wenn sich Ihre Katze zurückgezogen hat und ohne ersichtlichen Grund längere Zeit ausgiebig schnurrt, ist es ebenfalls möglich, dass sie starke Schmerzen hat und sich damit selbst beruhigen möchte.

Eigene Grenzen akzeptieren

Es gibt viele Hausmittelchen und Nahrungsergänzungen, die wir Menschen nur allzugerne für uns selbst einsetzen. Das ist nicht immer eine gute Idee und von Erfolg gekrönt. Auch bei unserer Katze sollten wir darauf verzichten eigenmächtig Medikamente oder Hausmittel zu verabreichen.

Kranke Tiere benötigen Medizin und keine Hausmittelchen. Und Nahrungsergänzungsmittel und Vitaminprodukte ersetzen keine Behandlung durch einen Tierarzt und sollten nur in Absprache mit diesem eingesetzt werden. Es gibt zudem Me-

dikamente, deren Wirksamkeit durch Nahrungsergänzungsmittel beeinträchtigt werden kann oder welche, die sogar bestimmte Krankheiten begünstigen können. Auch
Medikamente für Menschen (wie zum Beispiel Schmerzmittel)
und andere Haustiere sind absolut tabu und können bei Ihrer
Katze sehr großen, gesundheitlichen Schaden anrichten.

Entscheidungshilfe

Manchmal ist es gar nicht so einfach eine Entscheidung zu
fällen. Geht es der Katze wirklich so schlecht, dass ich zum
Tierarzt fahren sollte? Oder mute ich ihr damit unter Umständen nur unnötigen Stress zu? Fakt ist, Sie als Katzenhalter
kennen Ihre Katze am besten und können in der Regel am
ehesten beurteilen, ob ein Tierarztbesuch von Nöten ist. Im
Zweifelsfall rufen Sie einfach bei Ihrem Tierarzt an und schil-
dern ihm kurz mit den wichtigsten Fakten was sich verändert
hat und warum Sie sich Sorgen machen.

Darüber hinaus können Sie sich auch erst einmal selbst die
folgenden Fragen beantworten:
- Wenn Ihre Katze Ihr Partner oder Ihr Kind wäre, wie
  würden Sie dann entscheiden?
- Haben Sie den Eindruck, dass Ihre Katze leidet?
- Hat sie das Verhalten schon einmal gezeigt? Wenn ja,
  wie waren die Umstände?

Manchmal könnte man einen Wegweiser für Entscheidungen gebrauchen...

Vorsicht bei Informationen aus dem Internet:
Ich selbst bin ein großer Freund des Internets. Die Fülle an
frei zugänglichen Informationen ist toll. Aber: Diese Informationen sind größtenteils nicht geprüft und ungefiltert!
Es gibt immer mehr Internetseiten, die auf den ersten Blick
gut gemacht sind, inhaltlich betrachtet aber in keinster Art
und Weise aktuellen oder gar wissenschaftlichen Erkenntnis-
sen gerecht werden.

Gerade wenn es um gesundheitliche Fragen geht, sollte man
das Internet nur als zusätzliche Informationsquelle in Betracht
ziehen und sich mit seinen Informationen und Ideen, die man
eventuell als Lösung für sich gefunden hat, an seinen Tierarzt
wenden. Auch Internetforen und Facebookgruppen bieten
eine Fülle an Input. Aber auch hier gibt es keinen Qualitätsfil-
ter. Nur weil jemand selbstbewusst behauptet, er habe ein
Problem mit Trick xy in den Griff bekommen, heißt das noch
lange nicht, dass es eine gute Idee ist diesen Ratschlag anzu-
nehmen. Bleiben Sie skeptisch und filtern Sie alle Informationen gründlich, bevor Sie auf den Rat eines selbsternannten
Experten hören. Und bevor Sie bei der Recherche im Internet
kostbare Zeit vergeuden, wenden Sie sich lieber an einen
Tierarzt.

Versorgung der kranken Katze

Ist die Katze krank geworden, bedeutet das meist sie von
nun an regelmäßig mit Medikamenten zu versorgen. Medikamente einzugeben und auch Urinproben zu nehmen ist leider

nicht immer ganz so einfach. Aber was sein muss, muss sein, so dass Sie sich mit geeigneten Methoden zur Medikamenteneingabe vertraut machen sollten. Auch zur Entnahme einer Urinprobe der Katze gibt es verschiedene Tricks, die einen Versuch wert sind und die Sache maßgeblich erleichtern können.

Ein erster wichtiger Schritt ist es sich beim Tierarzt gründlich über die gegebenen Möglichkeiten zu informieren. Hinsichtlich der Medikamenteneingabe gilt es abzuklären, ob bestimmte Regeln eingehalten werden müssen. So gibt es zum Beispiel Wirkstoffe, die nicht mit Futter oder Fetten (z.B. Malzpaste) gegeben werden sollten oder Tabletten, die nicht zerstoßen oder aufgelöst werden dürfen. Fragen Sie Ihren behandelnden Tierarzt, wie Sie die Medikamente verabreichen müssen und zu welchen Hilfsmitteln Sie greifen dürfen.

Katzen Medikamente verabreichen

Um einer Katze Medikamente zu geben, brauchen Sie vor allem Eines: Viel Geduld.
Aber auch Ihr Einfühlungsvermögen für den richtigen Augenblick und die richtige Technik zur Eingabe von Medikamenten sind von Bedeutung. Sie selbst sollten dabei genügend Zeit haben und nicht in Panik verfallen. Denn Stress und Unbehagen übertragen sich unter Umständen auf Ihre Katze. Manchmal ist es am einfachsten die Prozedur "kurz und schmerzlos" durchzuführen. Auch wenn es schwer fällt seine Katze mal etwas fester (dabei natürlich dennoch vorsichtig)

zu halten, kann es die schonendste Variante sein. Denken Sie immer daran, dass es zum Wohle Ihrer Katze ist.

- Wenn Sie berufstätig sind, wählen Sie eine Zeit zu der es nicht auf ein paar Minuten mehr oder weniger ankommt. Zeitdruck ist kein guter Helfer zum Verabreichen von Medikamenten bei Katzen.
- Die Medikamente sollten Sie am besten zügig und ohne großen Zwang geben.
- Bei chronischen Erkrankungen nutzen sich die Tricks im Laufe der Zeit ab. Manchmal hilft es sie leicht abzuwandeln. Zum Beispiel ein anderes Leckerchen, eine andere Uhrzeit, ein anderer Mensch...

Nützliche Utensilien:

Tabletteneingeber
Ein Tabletteneingeber ist dazu da, um Tabletten möglichst weit in den Rachen der Katze zu geben. Denn nur dort ist die Wahrscheinlichkeit gegeben, dass die Katze die Tablette schluckt und sie nicht bei nächster Gelegenheit im hohen Bogen ausspuckt oder unbemerkt aus dem Mundwinkel fallen lässt. Es gibt verschiedene Modelle bei denen die Tablette mit einer Art Applikator aus dem Tablettengeber gedrückt werden kann, sobald dieser weit genug in das Maul der Katze eingeführt wurde.

Eingabespritze
Eingabespritzen funktionieren ähnlich wie Tablettengeber, allerdings kann man zusätzlich noch Wasser aufziehen und die Tablette so in das Maul der Katze spülen.

Tablettenmörser

Manche Tabletten erweisen sich als recht hartnäckig, wenn man sie zerkleinern möchte, um sie zum Beispiel unter das Futter zu rühren. Ein Tablettenmörser löst das Problem.

Tablettenteiler

Wenn sehr kleine Tabletten für die richtige Dosierung nochmals zerteilt werden müssen, ist es mit herkömmlichen Hausmitteln kaum möglich. Meist zersplittern und zerbröseln die Tabletten in ungleichmäßig große Teile und können nicht mehr richtig dosiert werden. Der Tablettenteiler ermöglicht eine Zerteilung für die richtige Dosierung.

 **Tiger's Tipp:**

 Bezugsquellen und aktuelle Informationen zu den erwähnten Produkten finden Sie auf: www.katzen-leben.de/katzensenior-tipps

Tipps zur Medikamenteneingabe

Die Pille in der Pille

Besonders bittere Medikamente können in einer leeren Kapsel verpackt werden, damit die Katze den bitteren Geschmack nicht schmecken kann. Diese meist aus Gelatine bestehenden Tablettenhüllen oder Leerkapseln kann man in der Apotheke kaufen oder online bestellen.

Tablette zwischen zwei Leckerchen untermogeln

Hat die Tablette keinen so großen Eigengeschmack, kann man versuchen die Tablette zwischen zwei Leckerchen unterzumogeln.

1. ein Leckerchen geben
2. ein weiteres Leckerchen ankündigen, dies aber nicht geben
3. Tablette geben
4. zuletzt mit dem zweiten Leckerchen belohnen

Zur Not im Futter

Beachten Sie hierbei unbedingt die Regeln des Tierarztes hinsichtlich Mischen mit Futter oder Leckereien!

1. Tablette zerstoßen und in eine möglichst kleine Portion des Lieblingsfutters mischen.
2. Den Geschmack des Medikaments berücksichtigen. Bei besonders bitteren Medikamenten entsprechend mehr Futter nehmen, aber gerade so viel wie nötig. Denken Sie daran, dass Ihre Katze ALLES auffressen muss, um die richtige Dosis des Medikaments aufzunehmen!

Auf die Pfote streichen

Pasten und Leberwurst eignen sich dazu, um der Katze eine Mischung aus Medikament und Wurst auf eine Pfote zu streichen, die sie dann ablecken muss.

Unter Umständen müssen Sie Ihre Katze kurze (!) Zeit hungern lassen, damit sie die Portion mit den Medikamenten frisst. Wählen Sie dazu den Zeitpunkt an dem Ihre Katze normalerweise ihr Futter bekommen würde. Haben Sie mehrere Katzen, müssen Sie bei dieser Variante abwarten, bis die kranke Katze ihr Futter vollkommen aufgegessen hat und aufpassen, dass keine gesunde Katze an das Futter geht.

Geeignetes Futter oder Naschereien

- Thunfisch aus der Dose (ohne Öl)
- das Lieblingsnassfutter
- Malzpaste
- Vitaminpaste
- Lachscreme
- Rinderhackkügelchen
- Lachs
- gekochter Schinken als kleiner Beutel oder Röllchen
- Leberwurst (auf die Pfote oder die Tablette in einem Leberwurstkügelchen verpacken)
- Leckerchen-CatSticks mit Tablette befüllen
- Das Medikament mit einem Klecks mild gewürzter Bratensoße oder Nassfuttersoße gut unterrühren (viele Katzen lieben Soßen).

Es gibt spezielle Leckerchen und Futterergänzungen, die einen starken Eigengeschmack haben und eigens dafür entwickelt wurden um Tabletten darin zu verpacken und diese so der Katze unterzumogeln. Bitte fragen Sie auch hier zuerst Ihren Tierarzt, ob diese Produkte für Ihre Katze und das Medikament geeignet sind.

Urinproben nehmen

Ist es nötig eine Urinprobe zu untersuchen, so bedeutet dies, dass Sie eine möglichst „frische" Menge an Katzenurin beim Tierarzt abgeben müssen. Da die Katzenstreu den Urin unwiderruflich aufsaugt, gilt es den Urin davon fern zu halten.

Katzenstreuersatz / Perlenstreu
Bei dieser Variante wird die normale Streu aus der Katzentoilette entfernt und durch kleine Kunststoffkügelchen ersetzt. Die Menge der Kügelchen ist verhältnismäßig winzig, die Katzentoilette dementsprechend nur sehr niedrig befüllt. Dennoch gehen viele Katzen problemlos auf die mit Perlenstreu präparierte Katzentoilette. Da die Kügelchen keine Flüssigkeit aufnehmen, lässt sich der Urin mit Hilfe einer Einwegspritze aufziehen und zum Tierarzt bringen. Unbedingt die Anwendungshinweise beachten, da einige Produkte nicht für bakteriologische Untersuchungen geeignet sind.

Suppenkellentechnik
Dieser bewährte Trick mag auf den ersten Blick etwas seltsam klingen, aber er funktioniert erstaunlich gut. Sobald die Katze auf der Toilette ihre Position eingenommen hat und sich nicht mehr dreht, wird eine Suppenkelle in den Urinstrahl gehalten und der Urin aufgefangen.

Frischhaltefolie
Die mit Katzenstreu gefüllte Katzentoilette wird mit Frischhaltefolie ausgekleidet, so dass die gesamte Streu bedeckt ist. Geht die Katze zur Toilette, sickert der Urin nicht ein, son-

dern kann mit einer Einwegspritze aufgezogen werden.

⚠ Ob und wie gut eine Urinprobe genommen werden kann, hängt von der einzelnen Katze ab. Wenn sie in Bezug auf die Nutzung der Katzentoilette ohnehin schon sehr sensibel reagiert, sollte im Einzelfall sorgfältig überlegt werden, welche Methode am besten geeignet ist.

Übrigens: Sogenannte **Indikator-Katzenstreu** kann durch besondere Inhaltsstoffe, die sich bei Urinkontakt verfärben, Hinweise auf den Gesundheitszustand der Katze geben. Am besten lassen Sie sich von Ihrem Tierarzt beraten, welche Streu für Ihre Katze geeignet ist und ob es sinnvoll ist diese einzusetzen.

Leck- und Beißschutz nach Operationen

Wurde die Katze operiert, muss sie in der Regel einen Leck- und Beißschutz tragen, damit sie die frisch genähten Wunden nicht wieder aufreißt. Die herkömmlichen Plastikkragen werden von einigen Katzen nicht so gut toleriert. Deshalb gibt es mittlerweile verschiedene, andere Lösungen:

Leck- und Beißschutz
- aus Schaumstoff mit weichem Bündchen
- als Anzug
- anatomisch geformte Halskrausen
- aufblasbare Halskrausen
- Halskragen

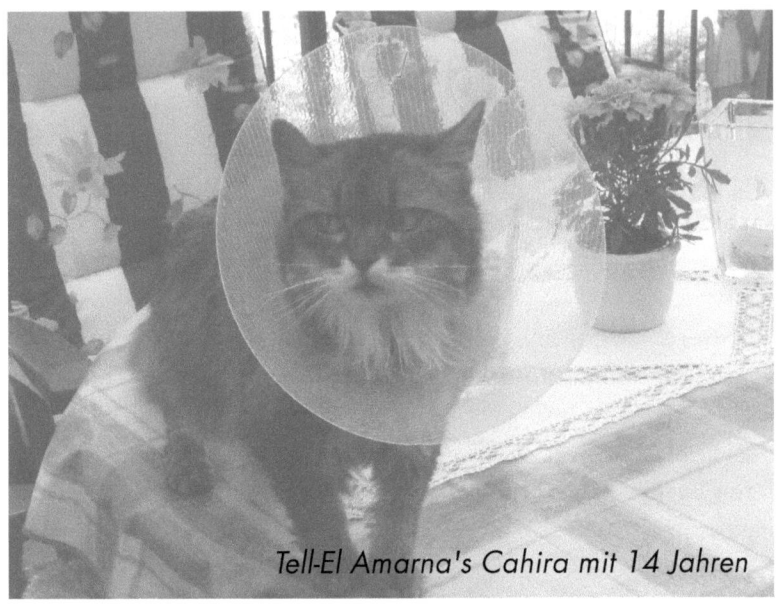

Tell-El Amarna's Cahira mit 14 Jahren

Wenn die Katze nicht trinkt und frisst

Manchmal hören Katzen aufgrund von Erkrankungen auf zu fressen. Manchmal ist es auch einfach notwendig das Futter seiner Katze vollkommen umzustellen, da Erkrankungen eine besondere Ernährung notwendig machen. Eine Katze zum Fressen zu animieren oder das Futter umzustellen kann dann eine enorme Herausforderung sein. Denn die meisten Katzen lassen sich nicht so leicht von neuem Futter überzeugen und fressen nur das, was sie eben gerade möchten.

⚠ Bei der Futterumstellung gilt es äußerst vorsichtig vorzugehen, denn Sie sollten Ihre Katze niemals hungern lassen. Eine Nulldiät kann bei übergewichtigen Katzen schon innerhalb eines Tages zu einer lebensbedrohlichen Situation führen. Um das gewohnte Futter umzustellen, wird langsam und nur Schritt für Schritt auf das neue Futter umgestellt.

Zum Fressen animieren:
- Futter leicht erwärmen, um den Geruch zu verstärken
- eine milde Fleischbrühe auf das Futter geben
- beliebte Leckerchen über das Futter streuen
- mehrere Näpfe an verschiedenen Orten aufstellen und verschiedene Näpfe ausprobieren (unterschiedliche Materialien, Formen, Höhen)
- persönliche, liebevolle Ansprache und ein stetiges „an das Fressen erinnern" ist manchmal notwendig

Hilft alles nichts, fragen Sie Ihren Tierarzt um Hilfe.

Zum Trinken animieren:
- mehrere Wasserstellen im Haus, abseits von der Futterstelle aufstellen
- verschiedene Näpfe ausprobieren, einige Katzen werden durch Metallnäpfe irritiert, da sie sich darin spiegeln
- einige Katzen trinken sehr gerne aus bis zum Rand mit Wasser gefüllten Blumenübertöpfen
- das Wasser durch Kieselsteine am Grund interessanter machen
- einen Zimmerbrunnen aufstellen
- einen Gegenstand, zum Beispiel einen großen Stein aus dem Wasser herausragen lassen

Alte Katze, alter Mensch?

Wenn die Katze in die Jahre gekommen ist, ist es nicht so abwegig, dass auch der dazugehörige Mensch nicht mehr ganz so jung ist. Was ist, wenn der Mensch aufgrund seiner Altersbeschwerden nun seinerseits Schwierigkeiten hat die Katze zu versorgen? Oder weil er kurzzeitig krank oder anderweitig eingeschränkt ist?
Auch hier gibt es ein paar Ideen, welche die alltäglichen Arbeiten leichter von der Hand gehen lassen. Denn körperliche Einschränkungen des Menschen machen es manchmal schwierig bis unmöglich die Katzentoilette zu säubern, Streu zu transportieren und nachzulegen, mit der Katze zu spielen. Im Folgenden möchte ich ein paar Anregungen geben, wie der Mensch die Pflege seiner Katze auch mit leichten, körperlichen Einschränkungen eigenständig übernehmen kann.

Katzentoilette und Streu
Die Katzentoilette kann auf ein kleines **Podest mit Stufen** gestellt werden, so dass der Mensch sich bei der Reinigung nicht bücken muss, die Katze aber bequem ihre Katzentoilette aufsuchen kann. Die Katzenstreu sollte in diesem Fall in einer großen Dose oder Plastiktonne auf gleicher Höhe verstaut werden, um das Nachfüllen zu erleichtern.
Entweder kauft man direkt **kleinere Packungen Katzenstreu**, um diese besser transportieren zu können, oder aber man lässt sich die Katzenstreu direkt nach Hause liefern.

Katzenstreukrümel zusammenfegen
Der Handfeger, der in vielen Haushalten dazu benutzt wird

die Katzenstreukrümel zusammenzufegen, kann durch einen komfortablem **Standbesen** mit Schaufel ersetzt werden und ermöglicht ergonomisches Fegen ohne Bücken.

Spielen mit der Katze

Es mag sein, dass das Spielen mit der Katze nicht mehr so ohne weiteres möglich ist. Bedenken Sie jedoch, dass Spiel und Bewegung dazugehört um seine Katze fit zu halten und dass ihr ein angemessenes Unterhaltungsprogramm nach wie vor zusteht.

Um das Bücken nach Spielzeugen zu vermeiden, können Sie sich einer einfachen **Greifzange** bedienen. Auch gegen gelegentliches Spiel mit einer **Taschenlampe** oder einem Laserpointer ist nichts einzuwenden, wenn Sie das Spiel stets mit „greifbarerer" Beute beenden. Eine **Spielzeugmaus am langen Band** ermöglicht das Werfen der Maus mit anschließendem Heranziehen ganz ohne dafür auf dem Boden herumkrabbeln zu müssen. Wer sagt außerdem, dass man immer am Boden spielen muss? Viele Katzen lieben es auf der Couch oder im Bett zu toben. Und auch **Katzenangeln** eignen sich wunderbar um den menschlichen Rücken zu schonen und der Katze auch weiterhin das wohlverdiente Spielabenteuer zu bieten.

Sonderfall Schwangerschaft: Es sollte sich mittlerweile herumgesprochen haben, dass eine Schwangerschaft kein (!) Grund ist seine Katze abzugeben. Leider landen immer noch viele Tiere im Tierheim, darunter auch sehr alte Katzen, die dann nur schwer vermittelbar sind. Als Schwangere hat man mehrere Optionen.

1. Mit einem Bluttest lässt sich feststellen, ob die werdende Mutter schon einmal an Toxoplasmose erkrankt war. Wenn dies der Fall ist, braucht man eine Neuansteckung nicht zu fürchten. Denn Toxoplasmose ist für das ungeborene Menschenkind nur bei Erstinfizierung der Mutter gefährlich. Problem gelöst.
2. Auch im Katzenblut lässt sich feststellen, ob das Tier überhaupt Toxoplasmoseträger ist. Wurde die Katze nie roh gefüttert und ist es eine Wohnungskatze ist die Wahrscheinlichkeit gering. Der Test gibt schlussendlich die Sicherheit. Ist die Katze kein Toxoplasmoseträger, heißt es auch hier wieder: Problem gelöst.
3. Im ungünstigsten Fall, dass die Schwangere noch keine Toxoplasmoseerkrankung durchlebt hat und die Katze Toxoplasmoseträger ist, ist aber auch das noch kein Grund für eine Abgabe. Entweder übernimmt der Partner für die Zeit der Schwangerschaft die Reinigung der Katzentoilette. Oder aber man setzt eine der zahlreichen automatisierten Katzentoiletten ein, die hier einmal sinnvoll zum Einsatz gebracht werden können. Darüber hinaus schützen auch Handschuhe und Mundschutz beim Reinigen der Katzentoilette vor einer Ansteckung.

Ein tierfreundlicher Frauenarzt kann Sie über Gefahren und Risiken aufklären. Informieren Sie sich, bevor Sie darüber nachdenken Ihre Katze aufgrund einer Schwangerschaft abzugeben oder bevor Sie ein unnötiges Risiko eingehen.

Abschied nehmen

Bei aller Pflege und Fürsorge wird es irgendwann einmal Zeit von seiner geliebten Katze Abschied zu nehmen. Ein Moment vor dem wir uns wohl alle fürchten. Der einzige, wenn auch kleine Trost besteht darin, dass unsere Tiere nicht unnötig lange leiden müssen und wir beziehungsweise der Tierarzt das Leiden, wenn notwendig, aktiv beenden kann.

Den richtigen Zeitpunkt dafür selbst zu bestimmen ist keine leichte Aufgabe und diese Entscheidung sollte äußerst sorgsam getroffen werden. Der Tierarzt kann Sie dahingehend beraten, aber die Entscheidung treffen Sie selbst. Sie und Ihre Katze, denn nicht selten ist es der Fall, dass man der Katze anmerkt, dass sie keine Kraft mehr hat und sie deutlich zeigt, dass der Zeitpunkt gekommen ist von ihr Abschied zu nehmen. Dann heißt es für sie stark zu sein und sie zu begleiten. Wenn es so weit ist, dass Sie Ihre Katze einschläfern lassen müssen, sollten Sie sich im Vorfeld bereits bei Ihrem Tierarzt über den Ablauf informiert haben.

Einige Tierärzte kommen nach Hause, so dass die Katze in ihrem gewohnten Umfeld friedlich einschlafen kann. Dies hat auch den Vorteil, dass sich Partnertiere von der verstorbenen Katze verabschieden und das plötzliche Verschwinden des Partnertieres verstehen können.
Oder aber Sie fahren mit Ihrer Katze in die Praxis. Dann sollten Sie sich jedoch unbedingt von einer vertrauten Person begleiten lassen, die Sie anschließend sicher nach Hause bringen kann.

Kater Tiger mit 17 Jahren - plötzlich war er alt und dünn

Die letzte Ruhestätte

Wer über einen eigenen Garten verfügt, darf seine Katze in der Regel auch dort beisetzen. Dennoch sollten vor einem **Gartenbegräbnis** die örtlichen Bestimmungen geprüft werden, ob dies auch in Ihrem Ort gestattet ist. Wenn Sie Ihre Katze bei sich Zuhause begraben dürfen, können Sie das Begräbnis nach Ihren Wünschen gestalten. Es kann sein, dass es Ihnen hilft Freunde oder Verwandte dazu einzuladen, zu denen Ihre Katze ein gutes Verhältnis hatte. Alternativ zum Begräbnis im eigenen Garten gibt es vielerorts auch **Tierfriedhöfe**, die meist sehr liebevoll geführt werden.

Eine wie ich finde sehr schöne Alternative zum Begräbnis im eigenen Garten ist die **Einäscherung**. Wenn die Katze einzeln eingeäschert wird, kann im Anschluss die Asche der Katze in einer **Urne mit nach Hause** genommen und an einem Ort seiner Wahl aufgestellt werden. Dies kann vorübergehend ein besonders hergerichteter Platz in der Wohnung sein. Später hat man immer noch die Möglichkeit die Urne zu begraben.

Kater Tiger war 17 Jahre lang das, was man unter einem liebenswerten und pflegeleichten Kater versteht. Er hat einige Jahre Tabletten gegen seinen Bluthochdruck genommen. Schließlich kam eine Nierenerkrankung dazu. Er fraß immer weniger und konnte noch eine ganze Zeit mit viel Liebe und Geduld zum Essen motiviert werden, doch dann baute er sehr schnell ab.

Kleine Rituale zum Abschied nehmen

Rituale können Ihnen bei der Trauerarbeit helfen. Denn Rituale vermitteln Halt und Orientierung, was gerade in Zeiten der Trauer eine wichtige Unterstützung sein kann. Ich möchte Ihnen im Folgenden ein paar Anregungen geben, die ich im Laufe der Jahre kennengelernt habe. Vielleicht ist etwas dabei, von dem Sie sich angesprochen fühlen. Oder Sie kommen auf ganz eigene Ideen für Ihr Ritual zur Trauerbewältigung. Gerade für Kinder sind Rituale eine schöne Möglichkeit um Abschied zu nehmen und den Tod des vierbeinigen Freundes zu begreifen. Sie lassen ihren Ideen freien Lauf und basteln oder gestalten etwas für das verstorbene Tier.

- eine Grabkerze anzünden und aufstellen
- eine Spielzeugmaus mit ins Grab legen
- einen Abschiedsbrief schreiben und mit beisetzen
- einen Traueraltar mit Foto und Kerze einrichten
- ein Amulett mit etwas Fell als Schmuckstück am Herzen tragen
- ein Medaillon mit Foto der Katze tragen
- ein Ring mit individuellem Fotodruck
- den Lieblingsplatz auf der Fensterbank mit Blumen dekorieren und die Urne daneben aufstellen
- ein von den Kindern gemaltes Bild der Katze aufhängen
- ein Fotoalbum mit Fotos anlegen
- besondere Momente mit der Katze in ein Notizbuch schreiben
- ein Portrait anfertigen lassen

- einen Fotoleinwanddruck für die Wand anfertigen lassen
- das Begräbnis mit der Lieblingskuscheldecke
- ein selbstgemachtes Holzkreuz auf dem Grab aufstellen
- einen kleinen Findling auf das Grab legen
- einen Baum (zum Beispiel am Grab) pflanzen
- jedes Jahr zum Gedenken Vergissmeinnicht aussäen
- ein Gedicht für die Katze schreiben
- einen Luftballon mit letztem Gruß fliegen lassen
- die Asche an einem schönen Ort verstreuen
- eine Grablampe bauen und am Grab aufstellen
- eine Schale oder Körbchen mit den Lieblingsspielzeugen neben einem Foto aufstellen
- ein Abschiedsschiffchen aus Papier oder Pappe bauen und dieses mit einem Teelicht auf ein fließendes Gewässer setzen
- jede Nacht eine Kerze anzünden
- einen Nachruf veröffentlichen
- eine Gedenk-Internetseite anlegen
- einen Eintrag auf einer virtuellen Trauerplattform im Internet schreiben und dort eine virtuelle Kerze anzünden
- seine Profilfotos im Internet mit einer Trauerschleife ergänzen oder ein Foto der Katze an Stelle des eigenen Profilfotos verwenden
- Kontakt über einen Tierkommunikator zur Katze aufnehmen
- eine Trauer-Facebookseite oder Homepage einrichten
- einen Brief an die Katze schreiben und verbrennen
- ein Gebet sprechen
- eine Spendensammlung im Namen der Katze für das Tierheim organisieren und anderen Tieren helfen

Nach dem Abschied

Abschied zu nehmen kostet Kraft und Zeit, die Sie sich nehmen sollten. Es gibt keinen Grund sofort eine neue Katze bei sich aufzunehmen. Aber auch keinen pauschalen Grund dagegen. Denn es ist kein Verrat am verstorbenen Tier, wenn man nach einer individuellen Trauerphase eine neue Katze in sein Herz und sein Heim aufnimmt.

Kater Tiger mit 17 Jahren, 3 Tage bevor er starb

Über die Autorin

Sabine Ruthenfranz ist im Bereich Marketing und Kommunikation selbständig und beschäftigt sich seit vielen Jahren professionell mit den Bedürfnissen von Katzen. Darüber hinaus berät sie bei der Produktentwicklung für Katzenzubehör und ist Dozentin für die Themen Marketing, Kommunikation und Katze. In ihren Seminaren für Katzenhalter vermittelt sie mit Spaß und Humor hilfreiche Informationen zum Zusammenleben mit Katzen. Sie lebt und arbeitet mit ihren beiden Katzen Dolly und Pauli, welche sie tagtäglich bei Arbeit und Freizeit begleiten.

Seit vielen Jahren engagiert sie sich im Tierschutz und berät Katzenhalter bei Haltungsfragen. Zu ihren Beratungsschwerpunkten zählen die Einrichtung der Katzenwohnung, Sicherheit im Katzenhaushalt, Beschäftigung von Wohnungskatzen, sowie Gift- und Katzenpflanzen im Katzenumfeld. Nach Ihrem Ratgeber „Katzenpflanzen - geeignete Pflanzen finden, Giftpflanzen erkennen, Vergiftungen vermeiden" hat sie mit ihrem Buch "Schnurrifiziert – verrückt nach Katzen: Humor ist, wenn man trotzdem schnurrt!" humorvolle Einblicke in ihren Alltag zwischen Business und Malzpaste gegeben. Auf ihren Internetseiten www.katzen-minze.de und www.katzen-leben.de veröffentlicht sie Ideen und Erkenntnisse aus ihrer Arbeit mit Katzen, um Halter beim Zusammenleben mit ihren Katzen zu unterstützen. Buchungsanfragen für Seminare, sowie für Beratungsaufträge können Sie gerne per E-Mail senden an: info@rundum-gwk.de

Katzenpflanzen - geeignete Pflanzen finden, Giftpflanzen erkennen, Vergiftungen vermeiden
Ein liebevoller Ratgeber zum sicheren Umgang mit Pflanzen im Katzenhaushalt.
ISBN-13: 978-3735786371
Infos unter: www.katzenpflanzen.de

Schnurrifiziert - verrückt nach Katzen: Humor ist, wenn man trotzdem schnurrt!
Ein humorvolles Buch für all jene, die Ihre Katzen mit Haut und Schnurrhaaren lieben, aber auch für diejenigen, die sich schon immer einmal gefragt haben, was im Kopf einer Katzenverrückten vorgeht...
ISBN-13: 978-3-7357-6135-4
Infos unter: www.schnurrifiziert.de

Bildnachweis

- Seite 28, 31, 32 und 72: Christine Kuch, Tell-El Amarna's Somalis, Schleusingen
- Seite 35 und 38: Katja Wolf, Lüneburg
- Seite 51: Annemarie Lödige, Egestorf
- Seite 49: Beate Friedrich, Lüneburg

Stichwortverzeichnis

Tiger's Tipp: Newsletter

 Informationen über aktuelle Katzenthemen und Neuigkeiten der Autorin, wie zum Beispiel Events und Bucherscheinungen, erhalten Sie auch über die kostenlosen KatzenNEWS.

Anmeldung unter: www.katzen-leben.de/katzennews